밤마다 솔숲에 가는 이유

밤마다 솔숲에 가는 이유

초판 1쇄 인쇄 2025년 6월 18일
초판 1쇄 발행 2025년 6월 20일

지은이 송희수
펴낸이 박세희

펴낸곳 ㈜도서출판 등대지기
등록번호 제2013-000075호
등록일자 2013년 11월 27일
주 소 (153-768) 서울시 가산디지털2로 98,
       2동 1110호(가산동 롯데IT캐슬)
대표전화 (02)853-2010
팩스 (02)857-9036
이메일 sehee0505@hanmail.net

편집 디자인 박나라

ISBN 979-11-6066-116-3
ⓒ **밤마다 솔숲에 가는 이유** 2025, Printed in Seoul, Korea

• 이 책의 판권은 지은이와 도서출판등대지기에 있습니다.
• 잘못된 책은 바꾸어 드립니다.

밤마다 숲숲에 가는 이유

송희수 시집

등대지기

시인의 말

  인간은 누구나 자유로워지고자 한다.

  하물며 탄생 자체가 본인의 의지와 상관없이 태어나서부터 풀죽이나 고구마, 감자로 연명해야 하는 어린 시절의 극심한 가난과 궁핍함의 굴레 속에 휩싸여 질기고 끈덕지게 괴롭힌 탓에 남들 앞에 서기가 망설여지기만 하던 60여 년의 지난 삶을 뒤돌아보면 가난이라는 악조건에서 넘어지거나 포기하지 않으려고 나 자신을 자꾸만 다독거리며 도전과 응전을 반복하는 과정에서 학창 시절 좋아하던 문학도의 길을 벗어나야 했고 40년이 지난 지금 돌아와 보니 절대적인 빈곤으로부터 웬만큼 탈피한 것처럼 보이긴 하지만 머릿속에서는 여전히 배고프고 목말라하며 자정 이후나 새벽녘까지 버려진 묵정밭이나 사막을 헤매다가 책상 앞에 앉아 턱을 괴거나 자판을 두들기며 뒤늦게 시를 쓰는 버릇이 몸에 뱄고 그런 내 모습이 좋아 살아가면서 겪고 느낀 시적 대상에 대한 숱한 상념들을 지면에 옮기는 작업을 게을리하지 말아야겠다고 이 새벽에도 다짐해본다.

2025년 6월에
송희수

◦┤ 차례 ├◦

시인의 말 · 05

제1부 여자만汝自灣 동죽조개

여자만 동죽조개 · 12

뻘 속에 빠져 · 14

귀향歸鄕 · 16

학암포에서 · 18

모란 장날에 · 19

울 엄마의 겨울나기 · 20

그때 그 모습이 · 22

철제 대문을 사이에 두고 · 24

육십 년 적 단풍처럼 · 26

봄비가 멎은 사이에는 · 28

동지섣달 그믐날에 · 30

얼룩 고양이 한 마리가 · 32

습설濕雪 · 34

허수아비 · 36

후박나무 잎을 밟아 · 38

엽서를 쓸 적에 · 40

비탈에 선 나무들이 · 42

겨울 소묘 · 44

교회 종소리야말로 · 46

제2부 풍경 속의 이태리포플러

풍경 속의 이태리포플러 · 50

할아버지의 모습 · 52

떠오르지 않는 얼굴 · 54

채낚 오징어 · 56

방파제에 걸터앉아 · 58

겨울 산을 오르다 보니 · 60

딱따구리가 나무를 쪼는 이유 1 · 62

딱따구리가 나무를 쪼는 이유 2 · 64

산수유꽃이 피기 전에 · 65

회초리 대신 낫을 들고 · 66

어느 봄날의 산행 · 68

한식날 아침에 · 70

밤마다 솔숲에 가는 이유 · 72

미역 줄기의 하루 1 · 74

미역 줄기의 하루 2 · 76

노랑나비의 꿈 · 78

붉은 노을을 배경 삼아 · 80

사곶 해변에서 · 82

제3부 빨간 우체통과 참새

빨간 우체통과 참새 · 86

뻐꾹 뻐꾹 하고 우는 뻐꾸기 소리가 · 88

새벽잠을 설치고 나와 · 90

석순과 종유석 한 도막이 · 92

도초 섬에서 · 94

이맘때쯤이면 · 96

개망초라서 · 98

산행 단상 · 100

엄마의 잠 · 102

울타리는 필요치 않았다 · 104

이웃집 개 한 마리가 · 106

입맛이라도 다셔봐 · 108

제주 공항에서 · 110

지금은 이별 연습 중 · 112

한 달 살기 하러 와 · 114

내 딸 아이의 아이는 · 116

국화꽃 몇 송이가 · 118

딸 아이와 함께 · 120

제4부 무인도는 말이 없다

무인도는 말이 없다 · 122

덩굴장미야 라고 부르며 · 124

보리밭을 밟으며 · 126

감귤나무를 심고 · 128

강가를 거닐다 보면 · 130

고사목 몇몇이 남아 · 132

곰소항에서 · 134

남한산성에서 1 · 136

남한산성에서 2 · 138

남한산성에서 3 · 140

남한산성에서 4 · 142

남한산성에서 5 · 144

남한산성에서 6 · 146

남한산성에서 7 · 148

남한산성에서 8 · 149

갈대는 12 · 150

갈대는 13 · 152

그림그리기 · 154

해설 · 156

제1부 여자만汝自灣 동죽조개

여자만汝自灣* 동죽조개**

무릎까지 깊이 빠져야만
클 대로 커버린 원망이 풀리기도 한다는
개펄 밭에 이 고장에 살지 않는
낯선 사람들의 발길은
허락하지 않는 날,
쪼그만 개량조개 새끼로 태어나
웅크린 불편한 자세로 오르내리다가
눈떠도 한 치 앞을 분간할 수 없는 연근해의
칠흑같이 어두운 바다 내막을 알 수 없어

담황색에 두꺼운 껍질을 둘러썼다고는 하지만
사계절을 남들과 떨어져 살아가야만 하는
신세라서 날마다 인근 해안을 따라
오가는 통통배 스크루에 걸려
통째로 뽑혀 뒹굴거나
포획될지도 모른다는 불안에
개펄귀퉁이에 파놓은 깊은 구멍에 숨거나
드넓은 바다 한가운데 드러누워 물때를 기다리다가
이 고장 사람도 몰라볼 만치 까맣게 그을려

울 아버지의 아버지 적부터 내려오는
지독한 가난 하나 끊어내지 못해
멀건 죽이나 끓여 먹자던
배고픈 자식들은
도시로 다 떠나가 버리고
인적마저 끊긴 여자만汝自灣에 남아
날마다 수소문하면 할수록 꼭꼭 숨어버렸는지
개펄 속에서조차 그 행방을 찾을 수 없는
동죽조개에 관한 얘기를 캐묻고 싶다.

  * 전남 여수시 화정면 여자도 중심으로 여수시, 고흥군, 보성군, 순천시 지역에 해당.
  ** 개량조갯과에 속한 조개의 일종.

뻘* 속에 빠져

뻘 속에 빠져 어찌할 수도 없는
이 세상 곤욕스러움에서 빨리 벗어나고 싶어
무릎까지 차오르는 수렁인 줄 알면서
허리 한 번 굽히려 들지 않고
발가락만 부르트도록
번갈아 가며 다리를 비틀어도
도저히 빠져나올 수 없는 진흙 구덩이를,

언젠가부터 그 속에 깊이 빠져들면 들수록
가부간 어찌해 볼 수 없을 거라고
체념의 경지에 도달할 때까지
생각을 멈추는 사이
훑고 지나갈 바닷물이 들어와
사타구니 밑까지 거침없이 차올라
잠시도 늦출 수 없어 시도해보는 직립보행을,

누군가 저만치서 지켜볼지도 모른다는
불안한 생각 속에 자리한 안쓰러운 모습도
불편한 마음도 까맣게 잊어버린 채
발을 빼고 먼저 걸어 나간

아버지 뒷모습을 보며
다급해지는 마음을 가라앉히고
그냥 난 활보闊步만 하면 되는 줄 알았다.

* 갯벌을 일컫는 충청도 사투리, 갯벌 전체를 일컫는 것이 아니라 갯벌 그 자체를 일컫는 말임.

귀향歸鄕

먼바다로 가면 누구라도 헤엄쳐 나올 수 없다는
일기예보에서도 쉽게 지나치기 일쑤인
여자만汝自灣의 깊은 생각을
일부러 표식하지 않고
여태까지 어쩔 수 없었다는
변명만을 일삼던 시간에서 빠져나와
삐딱하게 서 있는 갈대의 자세나 고쳐주려고

퉁퉁 부은 다리를 끌고 달려온 이번 여행에서
보라는 듯이 깊은 바다로 접근해 갔어도
말 한마디 붙여보지 못하게
쌀쌀맞게 구는
괭이갈매기의 날개 죽지에
잔뜩 드리워진 꿈을 펼치지 못하고
부서진 채 백사장 위에 쓰레기처럼 뒹굴지만

선착장을 빠져나가는 여객선의 뒷모습을
입술 깨문 채 물끄러미 바라보다가
지천으로 깔린 갈대를 닮아
쓸쓸한 표정 지었을

울 어머니의 지친 모습이 떠올라
다짜고짜 숨 막히게 달려왔을 때만 해도
고향에서는 엄마 품에 쉬이 잠들 수 있는 줄 알았다.

학암포에서

비릿한 냄새가 코끝을 찌르는
바닷가 마을에 펼쳐진 평상에 마주 앉아
나박나박 썰어온 광어회 한 접시에
급하게 비우던 소주잔마저
한쪽에 내려놓아도
답답하긴 마찬가지라 느끼면서도

원피스 자락을 머리끝까지 뒤집어쓰고
저 벼랑에 올라 몸 던지고 싶다는
당신을 어찌해야 하는지 몰라
몇 순배 술잔이 돌 동안
굳어질 대로 굳어져 버린 마음이
풀릴 기미마저 언젠가부터 보이지 않아

곤두박질치는 가슴 안팎을 내버려 둔 채
깎아지른 벼랑꼭대기에 서긴 했지만
기우는 황혼을 끝까지 붙들고
더는 버틸 수 없다고
마구 손사래만 치는 포플러같이
진한 안타까움에 빨갛게 물들어 갈 수밖에.

모란 장날에

닷새마다 서는 모란장에 가려면 뒤돌아봐지는
단칸방의 막막함과 쓸쓸함마저 따라 와
사방팔방 왁자지껄한 사투리와 섞여
몰려든 수많은 인파 중에서
사십 년 전 고향 떠난
불알친구들과 만나
전화나 편지로는 대신하지 못할 얘기를
텁텁한 막걸리 한 잔에 꽃을 피우기도 전에
붉은 해는 뉘엿뉘엿 지고

깔고 앉을 멍석과 술상을 아내 몰래 준비했어도
급히 친 차일遮日 무게를 견디지 못해
일찌감치 일손을 놓아버린 장꾼들의
핏기없는 표정이 어른거려
전당포에 맡겨놓은
얼마 되지 않는 시간마저
좌판이나 치우도록 얼른 찾아와
붉은 해를 닮은 한 움큼의 미소라도
남김없이 다 퍼주는 떨이 장사를 시도해야겠다.

울 엄마의 겨울나기

일기예보에서 알려주지도 않는 이상한 폭설에
5년 차 알츠하이머 치매를 앓고 있는
울 엄마가 왜 그리 보고 싶은지
단숨에 달려갈 때마다
괜찮냐 물으면
내가 언제 아팠느냐고
빤히 쳐다보며 되묻기만 하는
울 엄마인 당신 표정이 씁쓰레하게 보여도

이른 아침부터 때 낀 빨래나 삶아야겠다며
친정마저 등지고 먼 서울까지 올라와
가스레인지 불붙이고 난 다음
동장군이 유독 설친다는
겨울 복판에
스스로 갇혀 있기를
즐겨하는 도시 사람이 되어
가부좌를 틀고 앉아 있는 모습을 보면서

발길을 재촉하는 이웃들의 코끝을 자극해도
빨래가 타는지조차 까맣게 잊은 채

차가운 벽 쪽을 향해 돌아앉아
면벽수행 중이지만
말문이 언제 트일지 몰라
곁에서 안절부절못하고 서 있다가
아무 상관없다는 듯이 꼼짝하지 않고 앉은
축 처진 당신 어깨를 바라보는 게 힘이 듭니다.

그때 그 모습이

폭설이 내릴 때마다 오고 가지도 못하고
찾는 이마저 하나 없는 외딴 가옥에
모처럼 갖게 되는 휴가란 말 대신
차디찬 골방에 벽보고 누워
종일토록 생각했어도
살을 에는 추위만 파고들 뿐

연탄 몇십 장으로 겨울을 나는 일용직
삼십 년 차 에게도 만만찮다는
이번 겨우살이에
허리를 지져야만 버틸 수 있다는
산비탈에 자리 잡은 집을 떠나지 못하고
새벽마다 찾아오는 속쓰림에는
물 퍼마신 것도 모자라

막막한 세상 소식이나 알려주려고
동트기 전부터 찾아와 부산을 떨고 있는
참새 떼의 속내도 알아차리지 못해
쑥스러운 표정으로 앉아있던

그때 그 모습이
너무나 또렷합니다.

철제 대문을 사이에 두고

아픈 허리 만져가며 뜨락에 서 있는 게
아주 부자연스럽다는 생각 때문에
담쟁이덩굴이 움켜잡고 올라간
돌담 너머로 아직 인사도
건네지 못한 이웃들이
영하의 날씨에도 불구하고
출근 준비하느라 왁자지껄 떠드는 소리에 놀라
평소 굳게 닫힌 철제 대문을 사이에 두고
여태 동안 외딴 독립가옥이란 이유로
도시재개발마저 비켜 가버려
참새 떼에게 점령된 영토가 되고 말았지만

육십사 년 차 겨우살이를 준비 중인
내게 날마다 찾아와 한바탕 떠들고 가는
난리 통을 즉시 떠나지 못하고
얼떨결에 따라나선 손녀의
아픈 유년마저 헤집고야 마는 바람을
뒷짐을 쥐고서 받아들일 수밖에 없는 지금
오랫동안 가슴에 간직한 꿈들을
하나둘 지워가는 일이라

말해주지 않아도 돌담의 높이와
굳게 닫힌 철제 대문을 사이에 두고
가슴 하나 열지 못한 나는 이 도시의 외톨이다.

육십 년 적 단풍처럼

가슴만 부풀면 다 어른이 되는 줄 알았던
손위 누나의 빛바랜 일기 속에 가둔 내용 중에
동네방네 철없이 날뛰고 돌아다니다가
문중 소유지만 자기네 집인
낡고 우중충한
행랑채 기둥을 발로 차고
붙잡고 흔들어도 분이 풀리지 않는지

지금까지 살아온 외딴 초가집을 빠져나와
가뿐 심호흡이나 마음껏 하고 싶다며
서울로 가는 길이 훤히 보이는
야트막한 언덕에 올라
붉은 립스틱을 짙게 바르고
몸뻬 바지마저 치켜올리고도 모자라
집 떠날 궁리만 하더니

작년 재작년보다 더 붉은 치장을 하고서
갑자기 우리 동네 나타날 때만 해도
과연 무슨 일이 일어날는지
짐작도 하지 못해

우리를 놀라게 하려는
나이 든 여인네들이 피부라도 돋보이려고
육십 년 적 단풍처럼 물들고 싶었는지 모를 일이다.

봄비가 멎은 사이에는

손과 손을 다닥다닥 붙잡은 왕벚꽃잎들이
직박구리 울먹이는 소리에 놀라
상관없는 하체를 탓하며
속까지 불편한지
동네 놀이터 주변만
급히 다녀가려는 발등에 떨어져
숨 가쁘게 새순으로 돋고 싶은 것인지
아침부터 이맛살을 잔뜩 찌푸리고 있지만

종아리라도 맞아 부어오른 다리통을 끌며
험상궂은 표정으로 삼십 년을 살아와
지인들의 이목을 끌지 않기 위해
펼쳐 든 우산 위에 내려앉아
서성거릴 만큼 서성거린
우리네 사유思惟의 경계마저
무참히 무너뜨린 빗속에 잠긴 우울과
불편함까지 동그란 물방울로 맺히게 하더니

물기 머금은 왕벚꽃잎들이 자꾸만 걱정돼
급하게 방문을 열고 달려가긴 했어도

당장 어찌해야 할 줄 몰라
반쯤 내게 파고드는
불안과 침묵을 견디다 못해
땅바닥으로 쏟아져 내리려고만 하는
여리디여린 꽃잎들의 속내를 생각하면 할수록
봄비가 멎은 사이에는 아무 말이나 하지 말아야겠다.

동지섣달 그믐날에

다행이라 말할지도 모르는 동지섣달 그믐날에
하나밖에 없는 누이의 결혼식에 참석한
하객들이 춥다고 손등을 비벼가며
손뼉을 치면 칠수록
장단이 되어 누에고치에서
무명실을 뽑는 긴 사색의 실타래를
감았다 풀기를 되풀이하는 물레질을 통해

내 손위 누이의 눈가에 촉촉이 젖은 눈물로
실낱같은 양초의 심지에 불붙이려는
울 엄마 손끝이 마구 떨려와도
눈 깜짝하지 않고
들려오는 피아노 소리에
박자까지 맞춰가며 한 사람을 위해
담담하게 걷고자 했던 그 날의 기억을 더듬어

첫 번째 아기를 위해 배냇저고리를 만들고
울 엄마를 닮아 마구 떨려오는 손끝에
지금까지도 전해지는 간절함이
살아 숨 쉬는 동안

고래 심줄같이 끈질기게 견뎌내라고
신신당부하고 동지섣달 그믐날에 떠난 지
올해로 정확하게 스무 해가 됐네요.

얼룩 고양이 한 마리가

이른 봄부터 촘촘히 엮은 해바라기 틀니 뭉치가
모서리부터 쏟아져 내리지 않게 하려고
매만져온 햇볕의 따가운 미혹만은
안간힘 다해도 피하지 못한
얼룩 고양이 한 마리가
심란한 마음을 나름 달래보려고
몇 바퀴째 주인 곁을 빙빙 돌아보다가
금방 싫증이 났는지 뭉게구름이나 보러 가자고

내 주위에 지금 무슨 일들이 일어나고 있는지
정신을 차리지 못한 아주 짧은 순간에도
계속해서 움직이고 있는 사람들에게
쉽게 다가가지 못하고
소리 없이 툇마루에 앉아있지만
복잡한 주인의 마음을 이해하지 못해
답답한 심정을 야옹, 야옹이라 하소연하는
한적한 어느 가을날 오후에

야트막한 언덕 위 교회당 종탑에 기어 올라가
석양의 붉은 해를 막연히 바라볼 적마다

두려움에 뒷걸음질 치려 해도
곤두박질칠까 봐
어디를 붙잡아야 하는지
몸뚱이를 어디다 기대야 하는지조차
생각할 수도 없어 간신히 기둥 하나 붙잡고
눈 감은 채 잠자코 있어야만 했다.

습설濕雪

유별나게 습기를 많이 머금었다는 폭설에
몸뚱이 하나 온전히 돌보지 못해
한쪽으로 삐딱하게
기운 소나무가
눈 뭉치를 뒤집어쓰고도
걱정되는지 척추와 손목뼈에 가해지는
무게를 견디느라 아랫도리가 땀 범벅 되도록
몇 날 며칠 동안을 버텨왔지만

뒤늦게 허둥대며 안절부절못하는 날 대신해
당황할 때마다 막힌 기도부터 터주려고
뒹구는 나무 몸통 위에 올라타
줄자를 길게 늘어뜨리며
수습에 여념이 없는
인정사정없는 인부들이
전동 톱으로 자르고도 모자라는지
직성이 풀리지 않는다며 도끼로 동강 내려는 참이라

인조가 머문 행궁에라도 잠깐 피하고 싶어
피투성이인 몸뚱어리를 일으켜 세워

있는 힘 다해 옮기려 할 적마다
몇 발자국 떼지 못하고
배 속에 있는
음식물들이 솟구쳐 올라와
넘치려 하자 나무는 나무끼리 부둥켜안고
산기슭을 뒹굴고 있어야만 했다.

허수아비

이곳에 오기 전까지 가고 싶은 곳도 많았고
먼 길을 돌아 물어물어 찾아오는 사람도
제법 많은 편이었는데
지금은
이 땅 주인마저
바람과 함께 도시로 떠난
쓸쓸하기 그지없는 묵정밭에 서 있다 보니

한 번도 누구와 맞서 본 적 없고
얼굴 붉히며 마음 아파본 적 없는데
인정사정없이 장맛비만 훑고
몇 차례 지나쳤을 뿐
땡볕마저
가릴 필요조차 없는
깎아지른 절벽 아래 외딴 밭뙈기에서

웃거나 우는 법도 진작부터 잊어버린 채
넋 나간 표정으로 우두커니 섰다가
어쩌다 지나치는 사람에게
모든 관심을 끊었다며

하품이나 하면서
언제나 제자리 지키고 있는
낡고 허름한 차림의 허수아비를 보는 중이다.

후박나무 잎을 밟아

가슴 시린 생각들이 지금까지 양지 녘에 모여
아침나절 동안 손을 호호 불어가면서
매섭고 앙칼진 속성을 가진
추위라도 피하려고
줄지어 늘어선 후박나무 등 뒤로
몸뚱이를 숨긴 여태 동안에도 나름대로
심란할 대로 심란한 마음 때문에
상처 입은 것도 모자라
구멍까지 뚫린 채
땅바닥을 나뒹굴고 있는
손바닥만 한 잎을 밟기 전만 해도

심하게 요동치는 내 안의 울부짖는 소리에
주의를 기울였으면서도 떠나지는 못해
어둠에 갇힌 풍경을 밤새워 살펴도
정체된 거리를 벗어나
몸과 마음을 내려놓을 곳을 찾아
헤매고 다니느라 고목이 돼버렸지만
몸에 지푸라기를 칭칭 감은 가로수 중에
엉치뼈까지 파고드는 냉기를 털며

질러가야 할 데를 향하다가
메마르고 퍼석한 후박나무 잎을 밟아
벼랑으로 굴러떨어지는 소리에 놀라고 말았다.

엽서를 쓸 적에

일하는 모습이 훤히 들여다보이는
바닷가 마을우체국에 들러
엽서 한 장을 꺼내
받는 이
주소와 성명을 쓰고
창밖 바다를 보며 무슨 생각을 하는지

까마득히 잊어버리지 않으려 생각했으나
언제나 남들이 쳐다보는 앞이라고
손쉽게 말을 꺼내지 못한
숫기 없는 사내가
마지막 순간까지 적지 못할까
리아스식 해안을 따라 다급하게 달려간
사십 년 전 어느 가을날에도

서로 떼밀고 넘어뜨리기도 서슴지 않았던
참게 떼같이 웃음기마저 잃어버린 채
금방이라도 들이닥칠 폭풍이나
해일쯤으로 생각해
육십사 년 동안

망망대해로 떠나지 못하고
망설이기만 했던 기억을 적기 위해
얼마만큼 시간이 필요한지 알 수가 없다.

비탈에 선 나무들이

지금까지 산에 오른 육십 년 동안을 함께 한
나무들이 저번 폭설에 맥없이 부러지고
넘어져 깎아지른 절벽을 바라보는
불길한 생각을 할 수 없지만
거친 숨소리 내며
숨 막히게 혼란한 계곡을 따라
큼지막한 나무 몇 그루가 울고 서 있다가

이제 더는 오를 수 없다고
내려갈 수는 더더욱 없을 거라고
아침 산을 오를 때부터 진땀을 흘려가며
구부정하게 서 있는 나무껍질 속에
숨겨놓은 비밀이 있을지도 몰라
꼭 한 번 기어들어 가고 싶은
충동을 억지로 참아가며

그 속은 언제나 까칠까칠할 것이라는
생각의 등짝에 땀방울이 맺히도록
맨날 한쪽 목발에 의지해
툇마루에 나와 올려다보기만 했던

산비탈을 내려오면서도 붙잡지 않는 것은
한사코 미뤄오기만 했던 지난 꿈들을
한꺼번에 꾸게 하기 위해서다.

겨울 소묘

작년부터 쭉 이어져 온 울적한 기분을 달래려
자꾸 가고 싶었으나 망설이기만 했지
막상 가지 못한 눈 덮인 산에서
헤어진 그녀 대신
상념의 소용돌이를 만나
상흔의 골짜기를 아침부터 헤집고 다녀도
묵묵부답으로 임할 수밖에 없다며
겉으로 보긴 평소와 다름없는
한 사내에 대하여
이해 불가라 말하는 너를
떠나보내고 조바심치던 마음으로 돌아와

삶의 서두도 말미도 헤아리지 못할 만큼
숨 막히게 한 그녀와 함께한
날들에 대한 기억으로
가슴앓이하던
때를 가만히 떠올리고 싶어서
찾은 골짜기에 외마디 비명을 지르는
까마귀 떼더러 이젠 울음을 멈추고 별들이나
밤이면 밤마다 지켜보라고 말하면

들끓던 예전 나의 분노가
되살아날지도 몰라
집에 도착할 때까지 말하지 않기로 했다.

교회 종소리야말로

어젯밤부터 완행열차를 타고 달려와
이제 더는 갈 수 없다는
저 멀리 간도 땅이나
먼저 살다간 울 아버지도
가보지 못한 망망대해로 떠나지도 못하고
낯선 이 도시에 첫발을 딛고 나서부터
마음 편히 보낸 시간이 있었는지
도대체 알 수는 없지만

나이 예순이 다 되도록 누구와 터놓고
가슴에 맺힌 말 한마디 못 하고
악착같이 버텨왔다고만
얼버무리고 마는 우리들의
먹먹한 삶들에 대해 땡, 때엥 하면서
해 질 무렵이면 내 고향 고막원
야트막한 언덕배기에
울려 퍼지던 교회 종소리야말로,

대여섯 살배기 어린아이를 남겨 두고
서울로 떠난 울 엄마가 돌아오면서

닫힌 철제 대문을 사이에 두고
몇 번이고 부르는 목소리에
맨발로 달려온 아버지의
목멘 대답인지
아무리 생각해 봐도
도저히 난 분간할 수가 없다.

제2부
풍경 속의 이태리포플러

풍경 속의 이태리포플러

어느 개발도상국 농촌 들판을 걷다가
길게 늘어서 있는 나무들 틈으로
불어오는 바람을
피할 생각은 하지 않고
코끝이 땅바닥에 닿을 만큼 엎드려
흐느끼거나 삐죽거릴 법도 한데
오직 자리를 지켜야 한다는
크나큰 일념 하나로

훤칠하게 드러난 목을 빼고 지나는 사람들을
며칠 전부터 요모조모 따져가면서
지금까지 기다리는 사람이
눈에 띄지 않자
답답한지
우듬지에 힘주고
저 푸른 하늘을 향하여
맨주먹이라도 치켜들고 싶어도

울컥해진 마음에 심호흡마저 곤란해질까
마른침 삼켜가면서도 잊을 수 없는

젊은 한때가 자꾸만 떠올라
마디마다 옹이로 맺힌 속살을 안고
늙수그레한 모습으로 여태 동안 서 있는
나무란 나무는 나와 똑같은 사람 형상을 하고서
누군가에게 삿대질이라도 하고 싶은 마음을
억지로 참고 있는지도 모른다.

할아버지의 모습

그들이 말하는 아시아의 시작과
유럽의 끝이라는 보스포루스 해협*을 건너
울 할아버지의 할아버지 적부터 시작해
지금까지 한 번도 잊어본 적 없다는
이스탄불을 가기 위하여
좌석벨트에 묶여
떠나는 이번 여행에서

국적 불명의 달짝지근한 기내식 대신
된장, 고추장의 짭조름한 음식을 떠올렸지만
실크로드라 나중에 명명된 사막의 길을
낙타 대신 비행기에 무거운 마음을 싣고
시차까지 염두에 둬야만 했을
마음과 마음을 맞바꾸려는
땀에 젖은 할아버지 생각을 할 때도
저만치서 가이드는 모른 척 웃기만 할 뿐
여태껏 아무런 말이 없고

국적기라 믿을 만 하다지만
열다섯 시간을 꼬박 앉아야 있어야 하는

시간제 감옥에 결박된 내 몰골을
창문에 비춰보지 않아도
사막 한가운데서 지쳐버렸으나
저물녘까지 오아시스를 만나지 못해
일그러질 대로 일그러진 표정의 할아버지
천 년 전 모습과 닮지 않았을까.

* 튀르키예 옛 수도인 이스탄불 시내를 가로지르는 지중해와 흑해를 잇는 해협을 말함.

떠오르지 않는 얼굴

튀르키예 셀추크로 가는 길목에
이름을 알 수 없는 하얀 꽃들이 피었길래
반가운 마음에 성큼 다가가 바라보니
나비 몸 모양의 꽃 가운데에
밑으로 축 처져있는
꽃 이름이 생각나지 않아
말이 통하지 않는 현지인에게
몸짓 발짓으로 물어봐도 대답은 없고

전면부 벽 한쪽만 덩그러니 남아있을 뿐
커다란 돌기둥들이 땅바닥을 뒹구는
에페소서 도서관을 짓기 위하여
처음으로 불려간 날부터
무거운 돌기둥을
어기영차 어깨에 둘러메고
밀고 당기면서 걸어갔을 산비탈을
몇 날 며칠 동안 지친 줄도 모르고 걷다가
허물없이 친하게 된 이웃들이 뒤따라오는지 몰라
지금까지 멈춰 선 사람 중에

저쪽 구석에 웅크리고 앉아있던 사도 바오로*가
나중에 써놓았다는 희랍어로 쓴 서간문을
필사까지 하면서 몇 번이고 읽어도
저번 울력에 함께 참석한
이웃들의 얼굴이 떠오르지 않아
여행을 계속할 수 없어 돌아오긴 했지만
되돌아오는 길 양편에 웃고 서 있는 하얀 꽃들도
그때나 지금이나 영문을 모르기는 마찬가지다

* 초기 기독교의 사도, 신약성경의 주요 부분을 차지하는 바오로 서신을 저술한 인물.

채낚 오징어

서해의 리아스식 해안을 따라
한 치 앞도 분간할 수 없는 바다 밑을
우리는 떼지어 지나가고 있었고
날렵한 지느러미 하나 없이
뭍에 오르고 싶은 욕망도 참아가며
힘차게 튀어 오를 수 있을까만
줄곧 생각하고 있었지

내 안의 힘들고 무거운 생각을 털어내고
평소 갖고 있던 몸과 마음도 가볍게 한 다음
물 밖으로 솟구치는 이번 도움닫기에서
오금이 저릴 만큼 짜릿한 느낌만은
죽을지라도 포기하고 싶지 않아
발끝에 남아있는 힘을 모아
순간적으로 튀어 올라보는 거야

빨간 집어등集魚燈이 켜지면
두근두근해지는 조급한 성격 때문에
맨 처음엔 주춤거리다가 배 안까지 끌려와
반말로 지껄이는 날 선 신경전에서

주눅 들지 않으려 눈깔까지 치켜뜨고
맞아 죽더라도 고개 숙이진 말자
몇 번이고 다짐했지만

눈 찔끔 감는 사이에 우리는 한물갈 테고
망설임도 없이 배를 가르고 말 거냐
이 악물고 덤빌 때마다
따귀 한 대씩 얻어맞고 정신을 잃어도
머릿속을 맴도는 지금까지 간직한
생각들만은 발설할 수 없어
기절한 척 뱃전에 누워있어야만 했다.

방파제에 걸터앉아

늦가을이라지만 이렇게 방파제에 걸터앉아
하늘과 바다가 만나는 저만치에
두 팔 벌려 실선을 긋고
자기네 영토라 우기는 어부들이
한꺼번에 몰려다니는 정어리 떼를 찾아
그물을 어디다 내려야 하는지 몰라
깜박 잊고 허둥댈 무렵

급작스럽게 밀려드는 당혹스러움에
모인 어부 몇몇이 할 말을 잃어
낡은 통통배를 몰고
시큰둥한 표정을 짓고서
항구로 달려왔을 때만 해도
나 역시 발아래 절벽을 딛고 서 있어
추락할지 모른다는 두려움에 벗어나려고

연안 해변만 쫓아다녔어도
진작부터 도시로 떠난 아이들 모두가
망망대해를 헤엄쳐 반드시 건너고 말리라
꿈꿨으면서 시도조차 하지 않은 채

이렇게 방파제에 걸터앉아
지나치는 생각들이나 꺼내놓고
날이면 날마다 꿰맞춰 보고 있다.

겨울 산을 오르다 보니

겨울 산을 오르다 보니
가슴 깊숙이 묻어오는 질퍽한 아픔들까지
막상 주체할 엄두가 나지 않아
날카롭지도 못한 우리의
두툼한 주둥이로
탁탁, 탁
쪼아 보지만
속 시원해지기보다
몹시 감내하기 힘들 만큼
춥고 떨리기만 한 어느 해 섣달그믐 날

일찌감치 동안거冬安居에 들어간 산사 곁을
하루 다 가도록 몇 바퀴째 돌고 있지만
실한 먹이 하나 눈에 띄지 않는
남한산성 등성이
어딘가에
둥지를 틀고 앉은
딱따구리 한 마리가 불쑥 나타나

흰 눈 소복이 쌓인 산등성이를
몇 날 며칠째 둘러봐도 별 탈 없이 지낼
겨우살이 걱정이 자꾸만 늘어나
달랑 하나 달린 잎새마저
더는 견딜 수 없고
못 버티겠다며
야단법석인 날에도
몸과 마음이 함께 떨리고
나무 등짝이나 쪼는 일을 미루고
쪼그만 몸뚱이를 슬쩍 감추고 싶었다가도

해 질 무렵이면 날마다 할 일도 없이
텅 빈 배낭이라도 둘러매고
비탈길을 올라야 하는
우리 이웃들의
마음들을
미리 짐작해보는 것조차
이젠 귀찮다며 나뭇가지에 걸터앉아
지나가는 사람들의 모습이나 내려다보고 있다.

딱따구리가 나무를 쪼는 이유 1

고구마 감자도 자라지 않는다는
문중 밭뙈기를 일구느라 눈을 마주쳐도
온갖 걱정뿐인 울 아버지와 차림새도 비슷하지만
전망이 잘 보이지 않는 울창한 숲속에서
색바랜 안경을 즐겨 쓰고 다니는
나와 마주칠 때마다
지적하기 위해 노려보지만
새까맣게 말라비틀어져 버젓이 누워있는
갈참나무군락지인 산등성이를 날마다 넘나들면서
일부러 고개 돌려 외면하기에 바쁜
우리들의 일상 중에서

어릴 적부터 잠자리채로 낚아채는 법을
임의로운 삼촌에게 뽐내볼 작정으로
남몰래 익혀왔지만
날개 죽지를 반드시 펼치고
여름 물난리 때 반쯤 넋 놓고 서 있다가
동강 분질러진 나뭇가지를 붙들고 목숨을 건진
저녁놀에 얼 비친 엄지손톱만 한 벌레를
오늘은 뒷머리 채부터 낚아채겠다고

고개를 연신 처박았다 들면서
탁탁, 탁 나무를 쪼는 이유를 모르는
딱따구리의 가슴만 답답해지고
입 주위가 얼얼하다.

딱따구리가 나무를 쪼는 이유 2

무엇 하나 쉽게 넘어뜨릴 수도 없는
아주 작고 뾰족한 부리로
이따금 탁, 탁탁탁
나무를 쪼는
소리에
고개를 드니
지금까지 숨죽인
나무들끼리 수군대는
숲속 깊숙이 발을 들여놓았어도

얼굴을 마주치는 이 하나 없고
죽어서도 딱딱하고 질기다는 굴참나무의
등걸에 앉아 온종일 하는 일이라고는
울지도 않고 쪼고 또 쪼아도
입맛 당기는 먹잇감은
눈에 띄지도 않아
갸우뚱하다가
다시 쪼아대기만 하는
집념의 부리 끝만 빛나다 못해
몇 날 며칠 동안 얼얼해 죽는 줄 알았네

산수유꽃이 피기 전에

그 깊은 잠 속에 빠져 한마디 말도 못 하고
지금까지 살아온 게 견디기 힘들었는지
뭔가를 찾기 위해 생각하다가
허리 구부려 더듬거려도
우리 곁에서 쉽게 사라지지 않고
차갑게 남아 있는 아련한 꿈일지라도
혹한기에 상기된 표정을 감출 수 없어
안절부절못하고 엉거주춤 서 있는
산수유나무 자잘한 꽃망울들이
아침부터 피우고 말리라 다짐하고도

입술 꽉 깨물고 먼 여행이나 가야겠다고
때와 장소를 정하지 않은 계획들을
정원 구석까지 전달하려는데
세찬 바람이 뒤쫓아와
문밖을 나서는 소매를 붙들고
뭔지 모르지만 할 말이 남아 있다길래
바짝 귀를 갖다 대 봐도 입술만 옴죽거릴 뿐
정작 듣고 싶은 목소리는 들리지 않아
나뭇가지에 답답하게 매달려 있는
네 눈매만 깊어져 가는구나.

회초리 대신 낫을 들고

추위에 떨고 있는 스트로브 잣나무*의 잔가지를 친
밑동의 모습이
바짓가랑이 걷어 올리고 종아리를 맞아야 하는
내 열서너 살 나이에 쏟아지는 눈물을
참느라 다리가 후들거려도
이 악물고
목침 위에 서 있어야만 했을
지난날의 아련한 모습이 떠오를 때마다
포장마차에서 막소주 석 잔을 들이부어 가면서
불타오르는 화목난로에 연거푸 던져질
장작개비에 실려 왔어도
치밀어오르는 울분은 어찌하지 못해

험준한 산비탈을 오를 때마다
회초리 대신 낫을 들고
고단한 삶마저
지게에 잔뜩 짊어지고
복잡한 생각의 잔가지라도 치기 위해
가파른 산등성이를 화난 표정으로 올랐었는지
내가 아는 기억 속에서는 선명치 않지만

차갑게 식은 구들장이나 데워보려고
한창나이를 다 보내는 동안
굳어질 대로 굳어진 몸은
그때나 지금이나 안절부절못하고
칠 부 능선을 떠나지 못한 채 서 있어야만 했다.

* 미국 북동부 지방과 캐나다가 원산지인 소나뭇과 상록 교목.

어느 봄날의 산행

산을 오르다 보면
하루에도 몇 번씩 넘어질 뻔한
뾰족한 돌부리에 걸려든
짧은 순간마저
결코 잊히는 법도 없이
선연하게 남아 있는 잔상뿐일지라도
기억 속에서 지금까지 꿈틀대고 있는 것들이

가슴 떨려 망연자실하다 못해
샛노랗게 변하고 말았을
산수유꽃들을
저만치 바라볼 때마다
어두침침해 자꾸 눈을 비비고
종종걸음으로 해그림자를 따라다닐수록
저 멀리 달아나려고 몸부림치는지

금방이라도 골짜기를 떠나야 하는 줄 알고
멈칫멈칫 서성거리고 있는 아지랑이를
이번에는 손 뻗어 잡아보려다가
겸연쩍은 표정으로 물러선

한적한 어느 봄날의
산행을 생각하면 할수록
나를 내버려 두지 않고 들썩이게 한다.

한식날 아침에

한식날 아침에는 마음속으로 궁금하지만
일부러 찾아가 본 적 없는 화장장과
함께한 가족공원에 가보고 싶어
꼭두새벽부터 따라나서 보니
일렬종대로 선 나무와
풀잎에 맺힌 이슬을 털어가며
잊지 못할 어머니 표정을 찾아 헤매도

언젠가부터 가슴을 움켜잡고 나뒹굴던
당신의 몹시 찡그린 표정이라도
한 번쯤 들여다보고 싶어서
지금껏 참아왔다는
우리의 바쁜 일상에서
한꺼번에 빠져나오지도 못해
막상 술래가 된 느낌을 지울 수 없어

현관문을 나설 때마다 신발 끈을 조이고
목적지로 가는 이정표를 살피는 게
습관이 돼버렸지만
하늘이라도 뚫어버릴 기세로

서 있는 메타세쿼이아 나무를 살피면서도
한식날 아침에는 함부로 웃지도 울지도 못하고
마른침이나 꿀꺽 삼키고 있어야만 했다.

밤마다 솔숲에 가는 이유

나를 향하여 불어오는 온갖 바람에도
헝클어진 머리나 빗어야겠다고
솔숲에 들어가기 전에는
하얀 속살을 보여주지 않더니만
웃통마저 벗어젖힌 사내의 목 졸린 꿈들을
불안한 표정으로 가만히 바라볼 때마다
아예 램프 불마저 꺼버린 채

살금살금 다가가 서로가, 서로를 염탐하면서
가야 할 길 잘못 든 눈발인 줄 모르고
기나긴 삼십 년을 헤매었어도
밤이면 솔숲에 들어와
생각해 보면 풀벌레들의 기습에도
아랑곳하지 않고 땅속 깊이 젖은 발 하나
딛고 서기 위해 몸부림쳐야만 했던 순간에도

웬만큼 두툼해진 나무 두께에 놀라고
빗나간 낫질에 잘려 나간 피 묻은 가지들을
불태우는 모닥불 주변에 앉았으면서
정작 어찌하지 못해

두 주먹 불끈 쥐고 바라보면서도
혼자서만 느끼는 왜소함의 끝이 어딘지 몰라
밤이면 밤마다 솔숲에 갈 수밖에,

미역 줄기의 하루 1

어쩌다 가는 바닷가에 누구 눈치도 보지 않고
날마다 머리카락을 길게 늘어뜨리고
멱을 감고 있는 미역 줄기의
피곤한 하루를
우연히 지켜보다가
허리까지 흐느적대는 게
동남아에서 시집왔다는 이웃집
짤막한 키에 검은 피부를 가진 새댁의
뒤태와 닮았다고 느끼는 순간부터 부끄러운 건,

공병 부대원으로 베트남 어느 항구에 도착해
배 밖으로 곧장 빠져나오지 못하는 사이
어머니 손을 놓친 한 아이가
흙탕물에 나뒹구는 게
분명 목격됐으나
미처 손써볼 겨를도 없이
톤레사프 호수까지 휩쓸려가서야!
사람과 사람들 사이에 갖는 날 선 두려움과
인정사정없는 전쟁의 상처를 보듬어 주지 못해

날이면 날마다 비수로 와 박히는 눈빛을 안고
흙탕물 범벅인 메콩강 주변만 떠돌다가
간신히 뭍에 올라야 했던 때부터
좀처럼 풀리지 않는 회한과
자신의 피붙이에게
쏟아지는 시선을 피하려고
집채만 한 거대한 파도가 덮쳐와도
몸을 던졌어야 했다는 생각을 벼랑에 매단 채
지금까지 중심을 잃고 온종일 흐느적거리고만 있다.

미역 줄기의 하루 2

진작 돌아가신 울 아버지가 누워있는
섬마을 뒷산 자락 공동묘지에
저녁마다 들려온다는
울음소리를
이번에는 놓치지 않으려고
붉게 충혈된 눈으로 찾을 때만 해도
벼랑 아래에서 들려오는 소리에도 귀 기울여가며

칠순 나이라서 그런지 끊이지 않는 기침 소리와
움푹 파인 눈, 다 닳은 이와 이 사이에서
삭히지 못한 가래를 내뱉지도 못해
일그러진 표정으로 나타난 파도에
아랫도리까지 온통 발가벗겨져
시퍼렇게 피멍 든 피부에도
하혈까지 하고 나서야,

미역 줄기의 힘겨운 하루를 생각하면 할수록
아연실색할 수밖에 없는 상황에서도
살려달라고 몸부림치는 대신
다리 꼬고 앉아 변덕스러운 날씨나

몇 날 며칠 걱정만 되풀이하는 미역 줄기 더러
당황하거나 들뜨지 말라고 다가와 당부하는
파도와 눈만 뜨면 만나려고 준비 중이다.

노랑나비의 꿈

해갈이 하는 감나무 밑동에 한데 묻혀
점잖은 주인에게 발견될 때까지
누구는 견디기 힘들 거라고
누구는 참담하다 못해
눈뜬 날부터
꼼지락거리는 몸뚱이라도
언젠가는 날개를 펼치고 싶어서
꼬물꼬물 혼자서 기어 다니는 수준을 넘어
더는 땅속으로 파고들지 않을 꿈들만 생각하며

갈대나 짚으로 엮은 집안에서 지내는 동안에도
우뚝 선 꼭대기만 두껍게 두껍게 쌓아 올려
송씨가문에 대대로 내려오는 소문인
가난 때문이라 참아야 한다며
힘들고 어렵게 보내려다가
혼쭐나고도 모자라
곤충채집통에도 갇혀가며
끝끝내 밝히지 않은 집안 내력을
꼭꼭 감춰둔 감나무 밑동까지 다짜고짜 베어

텅 빈 나대지에 편편한 주춧돌 몇 개 가져다 놓고
웅장하게 세워질 건물이라고 한마디씩 하지만
애벌레나 굼벵이라 불리던 어린 시절부터
비 갠 날이면 나타나는 무지개 뜬
저 언덕 위 교회당 쪽으로
연거푸 날고만 싶었던
노랑나비 한 마리가
짤막한 날개로 날아가려고
한사코 부딪치고 있다
유리창문에

붉은 노을을 배경 삼아

그 혹한의 전쟁터에서
오직 살아남기 위해 싸우느라
얼음장 밑을 포복하는 시냇물을 따라나섰지만
창과 칼같이 날카롭고 섬뜩한 속성을 지닌 겨울바람이
과연 언제쯤 불어닥칠지 헤아려 볼 겨를도 없이
발밑에 이는 분노만 떠올리며 사는 동안
숱하게 우리를 지배한 생각들을
전혀 헤아리지 못한
갈대들의 겨우살이 중에
동상 입은 손등을 호호 불어가며
전에 없이 제풀에 꺾인 자신만 못마땅해

가을이 올 때만 해도 낭창낭창한 척추를 갖고
소풍 가기 전날 밤 들뜬 꿈을 떠올리는지
뻣뻣하게 굳어져 버려 약한 허리와
처진 어깨에도 불구하고
헝클어진 생각의 두서만 가다듬느라
가뭄과 홍수가 교차한 강바닥을 뒹굴었어도
안개 자욱한 석양에는 민낯으로 돌아와

누렇게 바랜 갈대들 사이에 끼어
늙어가는 모습을
붉은 노을을 배경 삼아
얼마나 찍고 싶었는지 너희들은 알지 못한다.

사곶* 해변에서

초가을 밤에 내린 이슬 한 모금 마시러
리아스식 해안을 따라 고향에 가면
코끝을 자극하는 비린내 나는
낡은 그물들을 매만져
목이 마른 지
막소주 한 잔 마시러
새참을 이용해 부두 쪽으로 향하는
어부들의 가물가물해지는 뒷모습을 바라보다가
문득 겨우살이 준비에 한창인 울 아버지의
거친 손을 인사차 움켜잡고 싶어

사곶 해변을 먼저 찾은 내가 서둘긴 했지만
견디지 못할 만큼 손바닥이 아팠었다고
소리조차 지르지 못한 지금까지도
눈에 띈 꽃을 만지려다가
가시에 찔려놓고
누구에게도 말하지 못한 채
내륙 깊숙이 들어앉아 있을 적마다
움켜쥔 손바닥에 조여드는 쓰라림이 생각나
다시 찾은 해당화 붉게 핀 사곶 해변에서

아팠던 기억을 언제나 잊을 수 있을까.

* 인천광역시 옹진군 백령면 백령도에 있는 해변으로 뒤쪽에 해송과 해당화 군락지가 분포.

제3부
빨간 우체통과 참새

빨간 우체통과 참새

주둥이만 벌리고 서 있는 저 모습을
과연 어디서 봤더라 생각하다가
나의 오래된 기억 중에서
어렵게 끄집어낸
빨간 페인트 통을 엎질러
머리끝에서 발끝까지 뒤집어쓴 채
신작로 한쪽에 언제부턴가 서 있었지

평소에 마음씨가 따스해 보이긴 해도
묵직한 느낌을 깊게 깔고 있어서
곁에 두고 꾹 참고 살아온
우리들의 고단함을
막상 간추려 적고 싶을 때도
어려워 함부로 다가서지 못할 만큼
눈치 보며 몇 날 며칠을 미루어 왔지만

언제까지나 그냥 지나칠 수만 없다면서
뒷짐만 짓고 있는 소심한 생각까지
이번 기회에 바꿔야겠다고
결심하는 순간에도

나서지 못하고 머뭇거리고 있어
빨간 우체통 속으로 앳된 목소리를 지닌
참새떼들이 짹짹하면서 고개를 들이밀고 있다.

뻐꾹 뻐꾹 하고 우는 뻐꾸기 소리가

내 어릴 적 기억 속에서 봄부터 울고 있는
뻐꾹, 뻐꾹 하고 우는 뻐꾸기 소리가
멈출 줄 모르고 들려 오는 것은
몸을 붕대로 감고 있어선지
네모난 침대에 드러누워
옴짝달싹도 못 하고
선산 자락에 누워 계신
울 어머니 무덤이나 떠올리는
내 어리석음에 대해 꾸짖고 있기 때문이다

작년 재작년 봄에도 외딴 초가에 누웠을 때
뻐꾹, 뻐꾹 하고 우는 뻐꾸기 소리가
왠지 애처롭게만 들려오는 것은
생각해봐도 예순이 넘도록
줄곧 서울에 살아와
예닐곱 살부터 들리긴 했지만
분간하지 못해 뒷산만 바라볼 적에
뻐꾹, 뻐꾹 하고 뻐꾸기 소리가 들려와도
안절부절못하고 허둥대는 게 안타깝기 때문이다

정확히 예닐곱 살부터 지금까지 적막을 깰 때마다
온 신경을 써가며 뻐꾸기 소리 들었어도
병상에 누워 꼼짝달싹하지 못하고
하필이면 팔다리 중 성한
다리 한쪽으로라도
목발 딛고 일어서려 할 적에
뻐꾹, 뻐꾹 하고 우는 뻐꾸기 소리를
힘들게 살고 있을 적엔 응답하지 못하는 것은
아직도 숨겨놓은 내력을 다 눈치채지 못했기 때문
이다.

새벽잠을 설치고 나와

내 생각의 긴 선로를 따라
걷잡을 수 없을 만큼의 속력으로
어깨에 마구잡이로 쏟아지는 폭풍우에도
견딜 만한지 새벽잠을 설치고 나와
후미진 골목 슬라브 이층집에
웅크리며 용케 살아왔다고,
뒤돌아보며 말해야 했던 나지만

몇 날 며칠 밤 동안 뜬눈으로 보낸 뒤
충혈된 눈깔을 부라리며 말하는
우리들의 세상살이에 대해
볼멘소리할수록
내 후미진 구석 의자나
찾아 나서는 아직 치르지 못한
국지전局地戰들이 가슴 한쪽에 남아

오랜만에 맞은 주일 오전이 되어도
기도하는 법조차 까마득히 잊은
새내기 수행자의 흉내라도
내보려는 이웃들의

어깨 위에 살며시 내려와
괜찮다 토닥이는 가을 햇살 같은
엄숙한 자세를 취하는 순간이 되고 싶다.

석순과 종유석 한 도막이

먼저 간 누나가 꼭 한번 가보라던
동굴 입구에 들어설 때부터
마음의 준비도 없이
사람들이 왔다가 돌아갔는지
돌무더기에 감춰둔 물방울을 쏟아내
일면식 없는 우리에게 뿜어대는 바람에
한 손으로 깎아지른 벼랑을 움켜잡고 있어도
수천만 년 동안 실눈을 뜨고 못 이긴 척
우리를 반기느라 고민만 지속했을
석순과 종유석 한 도막이

천장과 바닥에 따로 매달려 있는 동안
애처롭게 나를 내려다보고 있어서
위아래로 쳐다보지 않으려고
동굴 밖 세상 소식에만
신경 쓰려했으나
허물어지면 쌓기만 했을
억겁의 세월만큼이나 쏟아져 내려
눈물인지 빗물인지 도대체 알 수가 없는

어수선한 석순과 종유석 한 도막을
번갈아 가며 만지고 싶어졌다.

도초 섬에서

천일염을 생산하는 일에 바빴던 울 아버지 삶의
궤적을 찾아 떠나는 이번 여름 여행에서
바다의 우렁찬 소리에 잠들 수 없어
어부가 되지 못한 자식들은
도시로 다 떠나고
지금은 사람 산 흔적만 남아
저절로 무인도가 돼버릴 뻔한 섬을 걸으며

먼저 살다간 이웃집 키다리 아저씨의
아직도 덜 녹은 새하얀 꿈들을
다시 한번 끄집어내
고무래로 밀거나 끌어당기면서
바닷물 속에 묻은 젖은 흙을 털어내려고
거북등처럼 굽어버린 등허리를
몇 번이나 펴 보지만

텅 빈 가슴을 지금까지 후벼파기만 하는
내 어릴 적 추억의 한 장면들이
떠올라 멈춰 설 수도
그렇다고 지나칠 수 없는

엉거주춤한 상태로 서 있다 보면
지워져야 할 것들이 아직 지워지지 않고
생생하게 살아남아 아픔마저 꿈틀대고 있다.

이맘때쯤이면

집 밖에서 시간 대부분을 보내면서도
찜찜한 생각을 버리지 못한 건
200자 네모난 원고지에
시를 쓴다면서
몽당연필에 침 묻혀가며
아랫목에 배 쭈욱 깔고 엎드려
눌러써 왔던 종전의 자세를 바로잡지 않고

언제까지나 자신만을 뚫어지게 쳐다봐주리라
몇 번이고 되풀이한 숱한 다짐들마저
온데간데없는 생각도 모양새도
전혀 다른 아이를 낳아
일부러 에이포 용지로 감싸려
물끄러미 들여다보다가 한숨만 쉴 뿐
누구에게도 말하지 못한 난처한 표정을 짓는

몸서리친 기억들만 간직한 한해를 잊으려
해돋이 해넘이 마을 서천 마량포구*로
언 손목을 호호 불면서 가는
이맘때쯤이면

꼼짝 못 하는 승객들의
불편한 마음조차 깨닫지 못하는
투박한 사내가 두 시간째 달려가고 있다.

* 충남 서천군 서면 마량리 339-2번지 위치한 포구.

개망초라서

그동안 꾹꾹 참고 참아왔던 건
갈증 때문만은 아니었다.
수심이 얕은 개울에
바짓가랑이도 걷지 않은 채
개구리헤엄이나 즐기기 시작하고부터
함부로 파헤쳐진 물웅덩이 주변에
걱정거리들만 겹겹이 쌓여서
목구멍까지 차올라와

퉁퉁 부어오른 다리 하나로 딛고
자갈밭에 서 있는 게 아무리 힘들어도
밤마다 지나치는 달그림자 밑을
기어들고 싶었다가도
웅크리고 앉아
쉬어볼 엄두도 내지 못하고
찬 새벽이 올 때까지 기다려야 한다는
주변의 만류에도 불구하고

참다못해 꽃이야 피고 말았지만
결국 이 동네 사람들마저

몇 번이나 마주치던
눈길을 피하고
지나치기만 할 뿐인
흔하디흔한 개망초라서 느끼는
씁쓸한 느낌을 차마 떨쳐버릴 수 없어
겉으론 내색하지 않으며 무던하게 살기로 했다.

산행 단상

골짜기 전체가 하얗게 변해 버릴 줄 알았다면
깊어가는 늦가을 산 중턱에 앉아
살짝이라도 고개를
숙이지 말았어야만 했다
햇볕에 잔뜩 그을린 그녀 얼굴을
서로 마주친 순간 가슴 설렌 스카프를 두른
그날의 모습은 회상하지 말았어야만 했다

지금도 깊은 생각의 가장자리 하나 찾지 못해
끊거나 맺은 숱한 인연因緣 가운데서
사십 년 전 어느 늦은 가을날
억새꽃 같이 흰 여인이
바위에 앉아 날 보고 웃는 게
어찌 그리 가슴을 설레게만 하던지
몇 번이고 망설이다 고개를 돌리고 말았지만

그때나 지금이나 돌부리 우뚝 솟은
험준한 고갯길만 고집해 걷거나
그날부터 야간 산행으로
대체했던 날들을

생각하면 할수록 쑥스럽다 못해
씁쓰레한 여운을 남긴 오래된 추억을
지금이라도 훅 불면 날아가 버릴 것 같은

조심스럽기만 한 여인에 대해 생각하면 할수록
이번 산행 도중에 영영 잊어버릴지 몰라
두려운 마음에 안절부절못하는
숫기 없는 사내가
결국 하산길에 접어들었어도
어둠 속에서도 하얗게 빛나는 억새꽃이
눈에만 띄면 아직도 가슴이 뛰니 어떡합니까.

엄마의 잠

뭉게구름을 베개 삼아 함께 눕기도 하던
아이들이 예닐곱 되기 전에
풀밭을 뒹굴던
질펀한 기억을 떠올릴 때마다
성장통이라 짤막하게 말하던 아버지가
묻힌 골짝에는 죽어도 가기 싫다고
생각조차 하지 않으려 해도

기억 속에서 웅크리고 있는 고향 마을을
어쩌다 한 번씩 달려갈 적마다
잊을만하면 떨어져
여전히 마음속에는 없지만
용케도 잊지는 않고 지금까지
저편 골짜기에 떨어지는 별똥별을
흰 눈이 푹푹 내리는 날에 달려가고 싶어도

나 어릴 적과 전혀 다를 게 없는 비탈길을
십 년 남짓 손때 묻은 지팡이
하나 없는 맨몸으로
허리 한 번 펴지도 않고

넘어 가신지 오 년이 지났어도
도대체 돌아올 줄 모르는 울 엄마야말로
지금까지 아무 소식도 없다.

울타리는 필요치 않았다

내가 가지고 있는 손발톱들을 한데 모아
늘 하던 대로 불안의 기미가 깃들기도 전에
먼저 자기네 영토라 우기며 살아 온
우리 같은 수컷들이 쌓아 올린
속이 들여다보이지 않는 벽
문고리를 잡고
한참 긁고 매만지다가
음식물 쓰레기통 위에 올라가
야옹, 야옹 소리와 함께 오줌이나 갈기며
누구도 침범할 수 없는 내 영역임을 표시해봐도

냄새 고약하고 허름하다는 음식물 쓰레기장인지라
날이면 날마다 성난 표정을 감추지 못해
남들이 먹다가 남긴 음식 찌꺼기나
뜯다 버린 뼈다귀를 물고
구석으로 달리는 게
고작인 냄새 자욱한 공간을
아예 독차지하거나 인근 동네까지
어슬렁거리며 헤맨 나날을 헤아릴 수 없어도
누군가 먹다 버린 음식물 찌꺼기에 묻은

입술이나 연신 비벼대기만 하던 내가,

우리 집 담을 넘는 것만은 허용하지 않았어도
도움닫기를 위해 앞발을 딛고 훌쩍 넘으면
그만인 너희들 머리끝에서 발끝까지
주로 야행성으로 길들어져
캄캄한 밤에도 **뼈다귀**만 골라
군침을 삼키거나 티격태격하는 게
이젠 견디기 힘든 곤욕스러운 일상이 됐지만
어둠 속에서 낯선 친구들과 마주치더라도
깜짝 놀라 달아나지 않기 위해서
울타리는 필요치 않았다.

이웃집 개 한 마리가

정확한 날짜는 몰라도
집주인이 목줄을 매고 나서부터
삶의 서두도 말미도 떠오르지 않는다는
복잡한 아파트 베란다 난간에 묶인
이웃집 개 한 마리가
얼마 전부터 난감한 표정을 짓고 있다.

창밖을 내다볼 적마다 황량한 벌판과
길게 늘어선 국경선을 바라보듯이
지친 몸과 마음의 꼬리를
몇 번인가 흔들고
올봄의 대지가 낯설긴 했는지
쇠줄이 목에 묶여있다는 사실도 잊은 채
베란다 난간에 나와 쇠창살만 물어뜯다가
꿈쩍도 하지 않아 벗어날 수 없는
기막힌 사실을 알았으면서

이 악물고 지어미 품을 떠나 정착한
생각할수록 머리 아픈 이 도시에
한 평 남짓에 잠자리를

장만하긴 했지만
마음 편히 잠들어 본 적 없다는
국적도 종적도 불분명한 이웃집 개 한 마리가
종일토록 노려보는 아파트를 사이에 두고
하루 서너 번씩 얼굴을 마주치다 보니
열다섯 살 적에 날 배웅하기 위해

아파트 철문을 드나들 때마다
날카로운 어금니까지 드러내 보이며
날이면 날마다 기어이 물어뜯고 말리라
언제부턴가 밤낮을 가리지 않고
비좁은 베란다 난간에 나와
연신 몸부림치고 있다.

입맛이라도 다셔봐

서넛이나 되는 친구들과 식탁에 둘러앉아
나박나박 썬 순무 깍두기를 씹다가
새우, 멸치, 황석어와 같이
비교적 부피가 작은
물고기들이 한꺼번에 뒤엉켜
맨 처음 모습은 온데간데가 없고
오직 혀끝을 간지럽히는 짜디짠 것들만

슬레이트 지붕이 유난히 드러난 어촌을 떠난 지
불과 며칠 만에 돌아오는 통통배 뱃전에서
비린내 물씬 나는 황석어 한 마리를
늙은 어부로부터 받아들고
취향을 묻기도 전에
곁눈질까지 해봐도 절실하지 않다며
혓바닥을 헤집고 가는 것만을 찾는 친구야

염전, 그 뙤약볕 아래 실루엣 차림새를 즐기는
원시의 바다가 고무래* 에 밀고 당기면서
날아갈 것들은 다 날아간 다음에
남아있는 것만 털어 넣어도

짭조름한 바다 내음에는 못 미친다고,
연신 고개만 젓고 있는 친구야,
입맛이라도 다셔봐

* 소금을 긁어모으거나 퍼서 너는데 쓰는 T자형 기구.

제주 공항에서

손바닥만 한 집터와
몇 평 되지 않는 밭떼기라도 있으면
이렇게 살지는 않았을 거라 울부짖던 아버지가
좁디좁은 섬 구석 아무도 거들떠보지 않는
화산석 깔린 나대지 땅을 일궈보겠다고
몇 날 며칠 바위와 자갈 캐내려다
한쪽 팔마저 못 쓰게 되고서야,

곡괭이와 삽자루 내던지고
서울로 서울로 도망쳐
목구멍까지 차오르는
울분을 참아가며 물질을 해
입에 풀칠하며 살아갈 수 있었다는
언제 들어도 복장腹臟 터지는 얘기를
화산숯검정이 하얗게 될 때까지 천 번 들어도

저 멀리 뭍으로 나간 울 아버지가
언젠가는 떠나기 위해
언젠가는 돌아오기 위해
긴 줄을 서야만 했을 제주 공항에서

도대체 떠오르지 않는 울 아버지 얼굴을
날이면 날마다 떠올려보려고 해도
아직 난 볼 수가 없다.

지금은 이별 연습 중

이참에 돌아가야겠다는 결심을 하기 위해
단칸방에서 몇 날 며칠 불을 끄고
누워 뒤척이면 뒤척일수록
아득한 고향 모습을,
생각하다가도 다섯 시만 되면
금방이라도 이 도시를 떠날 작정으로
기적 소리 요란한 기차역 플랫폼에 앉아

사십 년 동안 새벽 역 풍경을 목격해왔으면서
이 도시가 아니면 안 되는 이유도 없이
봄이 왔다고 떠나려고만 하는
기러기, 청둥오리같이
텃새가 되지 못한
너와 난 서울을 벗어나기 위해
검은 복장으로 갈아입고 어디라도 떠나려고

몇 날 며칠째 머릿속을 무겁게 짓누르는
깜깜한 밤에도 떠오른 생각들로 인해
집에 돌아와 싸다만 짐꾸러미에
목적지를 적고

망설이고만 있는 나더러
이번에는 언제 떠날 거냐고
그동안 발길을 끊은 고향을 되묻고 있다.

한 달 살기 하러 와

성산 일출봉이나
저 너른 태평양을 바라보며
어릴 적에 뛰놀았던 광치기 해변에서
오색팬츠만 갈아입고
멱을 감으며
족히 일백 년을 살고 싶었는데

너무도 급하다는 전갈을 피하지 못해
1131번 횡단 도로 양쪽에 늘어서
삽과 곡괭이로 돌덩이를 찍는
고된 노동의 대가로
세 식구 먹을 밀가루 한 됫박도
배급받지 못해 고갯마루에 털썩 주저앉아

언젠가부터 화산섬 제주 서귀포에 살면서
단 한 평의 논농사도 지어보지 못해
사월이면 고사리나 꺾어 말리고
덜 핀 삐~비*풀이나
질겅질겅 씹으며
배고픈 이맘때가 되면 빵 구워 돌아온다고,

어금니 꽉 깨물고 손가락 걸며 떠나갈 때도
굶주린 배만 움켜잡고 잘 다녀오시라
고개 숙여 인사도 못 드린
소년 시절의 기억을,
동서로 갈라놓고 섬 전체를 뒤져도
요즘 제주 아이들은 아예 관심조차 없구나.

* 띠의 어린 꽃이삭(전남, 충남에서 쓰는 사투리임).

내 딸 아이의 아이가

내 딸 아이의 아이가 지어미 품에 안겨
대문에 달린 문패도 분간치 못하여
우격다짐으로 올 때만 해도
낯설어 울더니만
젖꼭지를 꽉 문 채
보낸 시간을 생각하면 할수록
못마땅한지 어머니 품을 빠져나와

외할아버지 품에 가끔 안길 때마다
아파트 철문 틈으로 보이는
세상이 두려워
다른 사람들도 아직 가보지
못했다는 머리맡의 망망대해 사진을 보고
끝없이 푸른 바다가 펼쳐졌어도
끝 간 데를 알 수 없는

아기방 벽에 걸린 사진 속 망망대해를
그 언젠가는 다짜고짜 헤엄친다고,
고집 피우기만 하던 어미한테
배냇짓 하는 것도 모자라

옹알이* 를 하면서
지내온 시간도 소용이 없다며
얼마나 아쉬운지 입술을 삐죽거리고 있다.

* 아직 말 못 하는 어린 아기가 혼자 입속말처럼 자꾸 소리를 내는 행동.

국화꽃 몇 송이가

아직도 끝전을 치르지 못한 신축 건물에
당장 이사해야 한다는 다급함이
잠들려고 하는 나를
붙들어 놓고,
서너 평도 되지 않아
생각할수록 정원이 좁아 보인다는
창문 너머에 줄지어 선 국화꽃 몇 송이가
샛노랗게 물들어버린 사나흘 전만 하더라도

머리 위를 소리 없이 지나는 별들이나
힐끔힐끔 쳐다보며 살라는 것이냐
불끈 쥔 주먹을 치켜들고
삼십 년 남짓
서울살이의 고단함마저
입 밖으로 금방 터져 나올라
꽃들은 꽃들끼리 졸음을 참아가며
달빛 아래서 힘겨운 야간시위를 계속하는지

세상 모든 것을 잊고 깊숙한 생각에 빠져있는
자정을 훨씬 넘긴 동지섣달 깊은 밤에

소리 없이 찬 서리 소복이 쌓인
붉은 벽돌집 장독대 옆
깊은 생각에 잠긴 국화꽃 몇 송이가
밝은 달빛 아래 불끈 쥔 주먹을 내보이며
이대로 시들어 버리긴 아깝지 않냐고
날이면 날마다 내게 묻고 있다.

딸 아이와 함께

나이 서른을 갓 넘겨 결혼한 딸 아이의
뜨거운 여름이 끝나지 않을 것 같아
복날의 속 끓는 이글거림조차
한꺼번에 불살라
숯덩이처럼 잦아들 때쯤
애끓는 아비의 마음으로 부르긴 했지만

그래도 어찌하지 못해 화火를 내려놓고
동면冬眠 준비가 한창인 양서류처럼
악착같이 덤비기만 하는 물살과
딸 아이를 대신해
망망대해로 뛰어든 아비가
차갑고 끈질긴 싸움 한판 벌이려다가

속 끓는 자식의 이글거림까지 지켜봐야 하는
이 아비의 소용돌이치는 마음과 함께
가파른 해협을 내려다보며
헤엄쳐 건널 생각을 하지 못하는
우리들의 자유로운 출입을 불허한다는
철조망 앞에서 뜬눈으로 밤을 지새우고 있다.

제4부
무인도는 말이 없다

무인도는 말이 없다

어쩌다 배가 지나가도
다 지나갈 때까지 무표정하게
망망대해에 발 담그고 앉아
자기 생각에 빠져있는
사춘기 소녀처럼

열서너 살쯤 되는
어린 가슴에 맺힌 울분들은
날이면 날마다 풍랑에 한데 뒤엉켜
깎이고 할퀸 상처투성이를 하고
종일토록 허리 한번 펴지 않고
웅크리고 앉아있다가

새벽 4시 정각,
고기잡이하러 떠나는
어부인 아버지 통통배 소리에
헝클어진 머리카락을 땋아주시던
울 엄마도 깨어나지 않은 수상 가옥과
톤레사프 호수*를 혼자서 빠져나와
나침판도 없는 이번 여행에서

손 뻗으면 닿을 것 같은 뭍을 향해
손짓이라도 해볼까 망설였지만
들어줄 그대가
누군지 몰라
구해달라 소리치지 못하고
소녀의 몸으로 견뎌야만 하는 게
얼마나 힘든 것인지 무인도는 말이 없다.

* 캄보디아 중앙에 있는 동남아 최대 담수호.

덩굴장미야 라고 부르며

큰 목소리로 덩굴장미야 라고 부르며
빨간 입술 한번 쭉 내밀어 볼 거냐고 물으면
가슴에는 오만 가지 의혹을 품고서라도
간밤 비바람에 담벼락과 함께
넘어지고 난 다음
피 토하고 뒹구는 네 모습을
발견한 순간부터 숨소리마저 들리지 않을까봐
안절부절못하고 허둥대기만 하다가
근심 걱정만 늘어놓고
무슨 일이 일어날는지 몰라

누구라도 기억하고 싶지 않은 순간을
채 헤아리기도 전에 달려간
화훼花卉농장에
뒤쪽으로 난 문고리를 붙들자마자
살려내라고 울며불며 보채기만 하던 어릴 적
내 모습을 대낮에 악몽이라도 꾼 거라
흔들어 깨우기만 한 울 엄마야말로
피 토하고 넘어진 광경을

막상 목격하고도 덩굴장미야 라고 부르며
점잖게 그냥 지나칠 수가 있을까.

보리밭을 밟으며

사백 년 소나무가 서 있는 고향에 가면
저번에 내린 폭설을 견디지 못해
사방을 둘러보고 들어야 하는
소식들마저
분간할 수 없도록
싹둑 모가지가 부러져
언 땅이 언제쯤 풀릴지도 몰라
상체를 옆으로 내밀고 무척 궁금해하지만

무릎까지 푹푹 빠지는 눈길을 피하지 못해
길쭉한 밭고랑 사이에 처박히다 보니
날카롭던 감각마저 다 사라져
저만치 뙈기밭에
엉거주춤하게 서 있는데
발길마저 끊어져 버린 날이면
야트막한 언덕배기에 웅크리고 앉아
휑하니 지나친 생각들이나 끄집어 내놓고

쌓인 눈 속에 꼼짝없이 갇혀 주눅이 들어
황달기마저 깊어져 불안한 표정을 짓는

아직 한 뼘도 채 자라지 못한
밭고랑과 고랑 사이에
앙상하게 드러난 뿌리를 두고
몇 번이고 그냥 지나칠 수가 없어
뒤돌아봐져 숨 가쁘게 보리밭을 밟으러
달려간 날의 아련한 추억을 잊을 수가 없구나.

감귤나무를 심고

평생 한 번도 땅을 가져보지 못한 울 아버지가
땅 주인에게 힘들게 빌린 한라산 자락
몇 평 되지 않은 돌무더기 땅에
감귤나무를 심고
섬을 떠나지 않겠다는
하나뿐인 누나를 얼레고 달래가며
뭍으로 시집을 보낸 즉시 소식마저 끊어져
안절부절못하고 서 있기도 힘들어하는
늙은 나뭇가지를 종일토록 붙들고
나 어찌 살아야 하느냐 묻지만
전지剪枝철을 놓친
빈 가지를 쳐다볼 때마다 속상해

홧김에 막걸리 한 사발 퍼마시고
집 나간 아들 녀석만큼 훌쩍 커버렸어도
하나씩 둘씩 감귤을 직접 따야만 하는 농번기에
자신도 모르게 꼬부랑 할아버지가 돼버렸지만
현지 인부들도 싫어한다는 가지치기야말로
손수 해야 할 몫일 수밖에 없다고
체념한 아버지가 팔리지 않아

창고 바닥이나 뒹구는 농사짓느라
진작부터 떠나고 싶었어도
한 발짝도 떼지 못한 망망대해로
떠나고 싶을 때마다 피는 감귤꽃 내음으로
제주도가 온통 야단법석이다.

강가를 거닐다 보면

온종일 무거운 생각들을 끌어안고
강가를 거닐다 보면
억새 풀끼리 서걱대는 소리에 놀라
갑자기 걸음을 멈추고 서 있어야만 하는
숫기 없는 사내의 생각쯤이야,
아무 상관도 없다는 듯이

내 생각에 끼어들고 싶었는지
풀벌레들의 연주회가 시작되는
저녁 일곱 시쯤에도
어딘지 분간하기 힘든 저녁 안개에 갇힌
짧은 순간을 스쳐 간 그녀에 대한 그리움까지
짙어진 간단하지 않은 일상 하나를
아직도 정리하지 못해

날이면 날마다 벌어지는 일들에 대해
정신 못 차리고 마구 허둥대기만 할 바에는
차라리 일상 탈출을 감행해보는 게 어떻겠느냐
아주 정중히 권하는 우리의 이웃들에게
여치와 귀뚜라미가 눈치채기 전에

못다 한 말들을 마친 다음
남몰래 떠나버리자고
내 안에 있는 나를 보채고 있다.

고사목 몇몇이 남아

울 아버지도 아직 가보지 못했다는
망망대해에 떠 있는
제주 섬에 가면
한 번도 펼쳐보지 못했다는
괭이갈매기 꿈을 이참에 보여주리라
아침부터 도시락까지 싸 들고
터벅대는 다리통을 이끌어
9부 능선까지 숨 막히게 달려왔지만

가슴속에 잠긴 울음마저 마른 몇몇이 남아
깊숙이 감춰진 생각을 드러내야만
알 수 있는 아픔에 절뚝거리며
몇 날 며칠 걸어야 했지만
살아온 흔적은 다 보여주기 싫어서
푸르른 시절부터 앉지도 눕지도 못하고
한라산 중턱에 엉거주춤하게 선 채
지나치는 생각이나 붙들려고

날마다 산 정상에 오르는 사람들은
아래쪽을 내려다보며 따뜻한 세상을 꿈꾸고

석양이 되기 전에 하나둘 내려가지만
아직도 하산을 허락받지 못한
고사목 몇몇이 남아
탐욕의 옷마저 벗어버렸으니
천년은 더 버틸 수 있겠지 하면서
내가 지나가려 할 때마다 말 걸어 온다.

곰소항*에서

언제부턴가 떠나려고만 하는 너를,
바닷물이 웬만큼 차오를 때까지
누구에게도 말할 수 없어
삼십 년 전
핑크빛 연애담까지 붙잡아 놓고
망망대해 끝까지 헤엄치고 싶다는
질퍽한 우리들만의 가슴에 와 박히는
외딴 항구에 닻을 내리고

까맣게 잊어버릴 뻔한 네 모습을 찾아
오래전부터 준비된 이번 여행에서
다리도 성치 않은 울 아비 따라
새내기 어부가 되어
한 마리 우럭을 건져 올리고
회 한 접시 나박나박 썰어오지 못해도
날이면 날마다 뭍에 오르는 꿈만을 꿔가며
리아스식 해안**을 따라 달려와

이맘때만 되면 하던 일을 접고
비린내 나는 선착장을 걸을 때만 해도

오뉴월이면 날리는 송홧가루 머금은
하얀 알갱이를 밀고 당기느라
온종일 생각에 잠겼어도
미증유未曾有결정체라 말하는 순간,
엉거주춤하게 남아있는 조각난 기억을 더듬으며
지금까지 애먼 소금만 퍼내고 있다.

* 전북 부안군 진서면 일대 항구임.
** 하천에 의해 침식된 육지가 침강沈降하거나 해수면이 상승함으로써 해안선의 형태가 복잡하게 형성된 해안.

남한산성에서 1

길쭉길쭉한 돌멩이들을 모서리까지 맞춘 다음
내 키보다 두어 뼘이나 높이 쌓아 올린
기다란 성곽에 하염없이 흘러내리는
인조仁祖의 한스러운 눈물을
마음의 준비도 없이
지팡이 하나 들고
수어장대에 오르고 나서야,
무거운 배낭 꾸러미를 던져버리고
불편해진 생각이라도 내려놓을 곳을 찾아
이웃에 사는 사람들과 돌부리와 나무를 헤쳐가며
일부러 험준한 비탈길을 올라왔지만

삼백구십여 년 전이나 지금이나 누더기만 걸친
등짐 진 인부였을 울 아비 모습이 떠올라
돌아오는 정월 대보름날에는
하늘에 연鳶이라도 띄우고 싶어
고래 심줄*보다 무디긴 하지만 막막한
생각의 중심에 앉아 흘러가는 구름이나 쳐다보고
깊은 고뇌에 빠져있는 바위 곁을 지나,
집성촌까지 내려오는 동안에

지금까지 꿈꿔 왔다는
우리들의 울퉁불퉁한 세상에 대해
자네한테만 점잖게 말해주고 싶었네,

* 상당히 질긴 끈을 일컫는 말임.

남한산성에서 2

저 창문 너머로 바라다보이는
청량산 서쪽 능선을 따라
인근 사람이라면
가봄 직한
기다란 의자에
모로 걸터앉을 장수를
기다리다가 지친 울 아버지가
천수답天水畓 논배미에 막 들어섰을 때

여주 이천 들판에서도 구경하기 힘들다는
오뉴월 나락 한 가마를 가져오라고
제아무리 무릎 꿇리고
두들겨 패도
도대체 영문을 몰라
날이면 날마다 분하기만 해
이 악물고 떨고만 있던 울 아버지에게

자정이 꼬박 넘도록 불빛만 깜박거린 채
이렇다 할 움직임도 포착되지 않는
임금도 잠 못 든 이 시간에

밤참 가져오라고
손목 비틀고
옆구리까지 찌르는
불알도 없는 내시*들이
언젠가부터 야단법석을 떨고 있다.

* 조선 시대, 임금의 시중을 들거나 숙직 따위 일을 맡아보는 관원으로 거세당한 남자를 비유적으로 이르는 말.

남한산성에서 3

불길한 징조를 미리 보여준다는 악몽을 꾸는 날이
많아지면 질수록 고민스럽다는 섣달그믐날에
엄마 속옷 안주머니에 숨겨둔 한숨까지
내 키보다 두어 뼘쯤 되는 높이로
돌담을 쌓아야 한다기에
얼떨결에 땀방울을
무진장 쏟아놓고 나니
한 바퀴 돌아볼 겨를도 없이
살아온 우리의 지난날들이 아쉬워
산등성이를 적어도 십 리를 걸어가야만
실감 난다는 성곽을 만날 수 있다는 남한산성에

단 한 번도 자유로이 올라보지 못했다는
인조 임금의 오랜 시름을 알고부터
나 혼자 배낭을 둘러메고
시계 도는 방향으로
성곽 따라 걷다가
야트막한 골짜기에 접어들 때쯤
당시엔 드넓었다는 광주廣州 현이 나타나
깜짝 놀란 서울특별시 송파와 성남, 하남 사람들이

신작로 하나를 사이에 두고 한데 모였다지만
삼백 년 전 아버지는 살아본 적도 없다는
아파트 철문들만 서로 바라볼 뿐이지
지금까지 아무런 말이 없다.

남한산성에서 4

며칠째 내린 폭풍우에 허물어졌어도
아직 고치지 못한 남한산성,
성곽에 모처럼 걸터앉은
인조仁祖 임금처럼
흘린 눈물 자국을 숨기느라
천수답 논배미 한번 들러보지 못하고
병자년부터 계속해서 묵혀둔 논바닥이 갈라져
새참 때 먹을 물 한 모금 구하기가
별 따오기보다 훨씬 어렵다는
임금님이 머문 행궁 주변에
작은 초막 한 채라도 짓고자 했지만,

지금까지 한 번도 꿈꾸어 본 적 없는
아파트 숲에 사는 인근 주민들을
이참에 자세히 관찰하려고
성곽 돌 틈새에
머리 끼어도 될 만큼
적당한 크기로 구멍을 내어
몇 날 며칠 옮겨 다닐 줄도 모르고
오뉴월 모내기 철에도 지나치기만 할 줄 아는

후금 병사의 동정이나 살펴야 한다며
이 나라 늙은 관리 대신해
자신만 탓하는
아버지가
언제부턴가 바라다보고 있다.

남한산성에서 5

철들 무렵부터 밤낮으로 괴롭히고 있는 악몽이나
떨쳐버리려고 빠른 걸음으로 산성에 오르면,
폭풍우를 견디지 못해
백 년을 버텨왔다는 나무들이
저번 폭풍우에 반 토막 나 위험천만하게
숲으로 통하는 길을 막아선 형편이라
내려가고 싶은 마음들까지 모아
붙들어 세우고 있어도

언젠가 이곳에 정착하고 싶어서
몇 번이나 깎아지른 절벽을 넘어왔지만
인조가 잠깐 머물렀다는 행궁에
점검차 나온 후금 병사에게
딴청이라도 부려가며
오르고야 말겠다는 오기로
등 뒤에서 알 수 없는 말을 지껄여도
죽는 날까지 뒤돌아보지 않으려 했는데

무던하게 평생을 뿌리쳐도 계속해서 따라와
밀쳐내다 지친 햇살마저 숨이 차는지

돌무더기에 털썩 주저앉아
눈썹을 치켜뜨고
저 멀리 궁궐만 바라보던
인조仁組 임금마저 아예 돌아가고
아무도 없는 남한산성에 뭐하러 왔느냐
묻는 것도 모자라 되돌아가라고 발길질이다.

남한산성에서 6

마구잡이로 휘두르기만 한 채찍을 피하려고
산 서쪽 봉오리에 쌓은 높은 돌담 아래
피골이 맞닿을 정도 몸을 엎드려
간신히 상체만 숨기고
일괄 철수 명령만 기다리는
후금後金 병사들도 일제히 숨죽이며
너와 나 우리 자신일 줄도 모르는
위험한 적들을 살피느라

갈대나 억새 풀들을 헤쳐가며
낮에는 천수답 논배미에 물이나 대고
밤마다 산골 움막에 옹기종기 모여
오순도순 함께 살고 싶었지만
울력에 불려 나와
커다란 바윗덩이를 싣고 와
다음날엔 죽은 듯이 누워있어야 하는
불편한 심기를 추호도 건들지 않기 위해

흙먼지라도 뒤집어쓸까를 생각해봤지만
우두커니 선 채로 여태 동안 견뎌와

힘들어도 참아내야 한다는
아비 말이 생각나
지화문至和門에서 성곽을 따라
바른쪽으로 걷거나 천수답 논배미에 나가
마른 쟁기질이라도 해야겠다는 말들을
아무도 귀담아들으려 하지 않았다.

남한산성에서 7

웬만큼 할 일도 없이 남한산성 수어장대에
종일토록 걸터앉아 있는 두 사람을 향해
앙칼지게 불어오는 산바람과 같이
무뚝뚝하고 낯선 표정을
감추지도 않는
여태껏 울 아버지는

날이면 날마다 모든 게 숨 가쁘게 변해도
서쪽 봉오리에 돌담을 쌓아야겠다고
농번기에도 힘겹게 달려왔지만
할 것도 마땅찮은
아비 표정을 생각해 봐도
마땅히 설명할 문구가 떠오르지 않아

무슨 생각을 하고 지금까지 살아왔는지
쑥스럽게 번번이 물을 수도 없어
아래쪽만 내려다보니
머리 위에 새참 광주리를 얹고
때맞춰 산을 오르는 어머니 모습에
나보다 울 아비 어쩔 줄 모르고 웃고 있다

남한산성에서 8

잠깐이라도 틈만 나면 쪼고 있는 돌덩이에
흘리는 땀방울과 한 맺힌 슬픔까지도
한꺼번에 떠오르게 하는
상념 속의 골짜기에
빼낼 수 없을 만큼 깊이 박혀
험상궂은 인상을 쓰고 다니는 관계로
아무리 돌덩이를 다루는 일에 단련된 인부라도
뒤틀려 버린 성곽을 내버려 둘 수밖에 없어
우기가 오기 전에 복구를 마쳐야 한다는
생각을 떨쳐버리지 못한 주민들이

당초에 있었던 성곽 모습으로 바꿔보겠다고
날이면 날마다 커다란 돌덩이만 골라와
안간힘을 다해 깎고 끼워 맞추느라
흙 묻은 옷과 장갑을 털며
후금 병사라도 동정을 살피기 위해
높은 돌담 너머로 기웃거릴지도 모른다는
막연하고 불안한 마음을 달래가면서
수어장대까지 오르고 싶었지만
흰 눈이 내릴지 몰라
안달이 난 우리의 마음을 꽉 붙잡고 있다.

갈대는 12

아직 쓰러지지 않고 남아있는 것 중에
바람 말고도 어깨춤을 파고드는 게
더 있다고 말하는 아버지가
언제나 입고 다니는
누더기보다
덜 해진 갈대들의
철 지난 상념을 가슴에 채워가며
정든 고향을 떠나 낯선 도시에 발 디뎠지만
잊혀질 만하면 한 번씩 마주친 이웃에게
몇 번이나 말하고 싶었다가도
지금까지 말하지 못한,

내 어릴 적 성장통에 대하여
날이면 날마다 되풀이해서 물어도
아파트 철문을 사이에 두고 마주 보면서도
언성 높이기보다 언제나 묵묵부답으로
일관한 아버지 얘기를 듣기 위해
한참 동안 이 악물고
참고 있느라 자정을 지나,
불 꺼진 단칸방에 나 혼자 돌아와

허물어지려는 꿈들을 붙잡고 우, 우, 하면서
서럽게 울던 겨울 갈대들의 우는 소리를
들어나 봤는지 몰라.

갈대는 13

언젠가부터 나만 따라 한다며
싫었다고 말하는 울 엄마의
시집살이 도중에
마당 한쪽 구석 수채 밑이
세상과 통하는 유일한 길목이라고
여산礪山 송가 집성촌에 들어와 생각했는지
당시에는 분리 배출되지 않은 오물을 뒤집어쓴 채
사십 년이 넘도록 한 자리에 그냥 그대로 서서
피고 지기만 할 뿐 엉거주춤 있다 보니

막상 지치거나 힘들 때만 되면
순천만 갈대 군락지 곁에
아담한 초막이라도
네모반듯하게 만들어 놓아
허리를 구부리거나 꺾지도 않고
손쉽게 드나들 수 있도록 만들고 싶어서
날이면 날마다 혼잣말처럼 중얼거리는
엄마의 지난번 모습이 생각났는지
이제는 갈대도 따라서 한다.

그림그리기

내 아이의 하얀 도화지 위에
평소에도 옮겨 놓고 싶기는 했지만
너무 커 어찌하지 못하고 있는
저 파란 하늘 가운데
모처럼 눈에 띈 뭉게구름
한쪽 자락을 움켜잡고 예순 나이가
성급히 지나가도록 발만 동동 구르다가
이 악물고 잡아당겨 등줄기를 흐르는 땀방울에
가득 배인 세월이라도 옮겨 놓고 싶어서

하늘에 뭉게구름이 소리 없이 지나갈 때마다
살금살금 다가가 한 번씩 덧칠하기만 해도
눈 깜짝할 사이에 지나쳐 버리는
우리들의 사춘기처럼
시도 때도 없이
눈물 한 방울 흘리고도 모자라
도화지 위에 간신히 옮겨 놓은 뭉게구름을
마지못해서 받아들고 서 있는 모습이
초라해 보이긴 마찬가지다.

•‹ 해설 ›•

존재에 대한 깊은 사색과 본질적인 시 쓰기

허형만 (시인 · 목포대 명예교수)

1.

송희수 시인은 2021년에 등단하여 2022년 첫 시집 『갈대는 울 아부지다』를 출간한 후 두 번째 시집 『밤마다 솔숲에 가는 이유』를 출간한다. 첫 시집에서 문복희 교수는 송희수 시인에 대해 "시인으로서의 자부심을 잃지 않으면서 그 한계에 대한 겸손한 인식을 놓치지 않는 시인이다. 시인의 문학적 사유 방식은 섬세하고도 치밀하게 대상과 마주하다가 영혼의 끝까지 내려가 삶의 조화로운 총체성을 보여주고 있다."라고 말하면서 송희수 시인의 시세계에 대해서는 "그의 시에는 영혼의 부대낌이 느껴진다.", "대상의 움직임을 긍정의 시선으로 바라보며 우주적 원리에 순응함으로써 주체와 객체가 합일의 경지에 이른다.", "그의 시작 과정에서 지속적으로 추구하고 있는 시세계는 존재의 내적 고독을 시적 서정으로 형상화하는 데 있다."라고 평했다.

  송희수 시인은 학창 시절 꿈이 문학도의 길이었다. 그러나 현실적인 삶은 절대적인 빈곤을 이겨내기 위해 문학도의 길을 벗어나야 했다. 〈시인의 말〉에서 시인은 "어린 시절의 극심한 가난과 궁핍함의 굴레 속에 휩싸여 질기고 끈덕지게 괴롭힌 탓에 남들 앞에 서기가 망설여지기만 하던 60여 년의 지난 삶"이라고 회상한다. 그 지난한 삶의 도전과 응전 속에서 문학에 대한 열정은 오히려 더 불타올라 등단 4년 만에 두 번째 시집을 출간하는 시인은 "웬만큼 두툼해진 나무 두께에 놀라고/ 빗나간 낫질에 잘려 나간 피 묻은 가지들을/ 불태우는 모닥불 주변에 앉았으면서/ 정작 어찌하지 못해/ 두 주먹 불끈 쥐고 바라보면서도/ 혼자서만 느끼는 왜소함의 끝이 어딘지 몰라"(「밤마다 솔숲에 가는 이유」) 밤이면 밤마다 솔숲에 간다. 시인이 밤이면 밤마다 솔숲에 가는 행위는 곧 자신의 삶을 되돌아보는 행위이며 존재에 대한 깊은 고뇌와 성찰의 모습이다.

2.
  송희수 시인은 어릴 적 기억을 통해 오늘의 삶을 들여다보고 세계와 자신과의 관계에 대해 깊은 사유의 폭으로 존재의 의미를 살펴본다. 얀 무카로브스키가 시인이란 무엇인가를 말하면서 시인의 삶과 작품은 서로 영향을 미치고 있다고 강조했다. 그는 시인의 삶에서 작품으로 전이되어 가는 것들을 크게 두 가지로 보는데, 첫째는 시인이 직접 관련되었던 사건들이나 자신이 직접 지각했던 사실들 즉 직접 경험이고, 둘째는 시인이 듣거나 읽어서 알게 되는 사실들 즉 간접 경험이다. 이 중 첫째인 직접 경험에서 시적 창조와 시인 연령의 상관관계에 대한 문제가 삶과 작품의 상응관계에 속하는데, 몇몇 문학적이거나 이론적인 경향에서는 유년기 체험과 연관되는 것을 일반적으로 문학의 기본적인 특질의 하나로 간주하고 있다고 말한다. 송희수 시인의 작품이 얀 무카로브스키가 말하는 유년기 체험에 많은 영향을 미치고 있음을 우리는 본다.

> 내 어릴 적 기억 속에서 봄부터 울고 있는
> 뻐꾹, 뻐꾹 하고 우는 뻐꾸기 소리가
> 멈출 줄 모르고 들려 오는 것은
> 몸을 붕대로 감고 있어선지
> 네모난 침대에 드러누워
> 옴짝달싹도 못 하고
> 선산 자락에 누워 계신
> 울 어머니 무덤이나 떠올리는
> 내 어리석음에 대해 꾸짖고 있기 때문이다

작년 재작년 봄에도 외딴 초가에 누웠을 때
뻐꾹, 뻐꾹 하고 우는 뻐꾸기 소리가
왠지 애처롭게만 들려오는 것은
생각해봐도 예순이 넘도록
줄곧 서울에 살아와
예닐곱 살부터 들리긴 했지만
분간하지 못해 뒷산만 바라볼 적에
뻐꾹, 뻐꾹 하고 뻐꾸기 소리가 들려와도
안절부절못하고 허둥대는 게 안타깝기 때문이다

정확히 예닐곱 살부터 지금까지 적막을 깰 때마다
온 신경을 써가며 뻐꾸기 소리 들었어도
병상에 누워 꼼짝달싹하지 못하고
하필이면 팔다리 중 성한
다리 한쪽으로라도
목발 딛고 일어서려 할 적에
뻐꾹, 뻐꾹 하고 우는 뻐꾸기 소리를
힘들게 살고 있을 적엔 응답하지 못하는 것은
아직도 숨겨놓은 내력을 다 눈치채지 못했기 때문이다.
─「뻐꾹 뻐꾹 하고 우는 뻐꾸기 소리가」 전문

  이 시는 과거와 현실의 이중 구조, 액자 구조 형태를 띠면서 과거, 특히 어릴 적 기억을 지금 현실에 소환하고 있다. 화자는 "어릴 적 기억 속에서" "뻐꾹 뻐꾹 하고 우는 뻐꾸기 소리"가 멈출 줄 모르고 들려온다고 말한다. 이 청각적인 현상은 화자의 현실적 심리상태와 연관되어 있다.

화자는 지금 몸을 붕대로 감고 네모난 침대에 드러누워 옴짝달싹 못 하고 있다. 그러다 보니 "선산 자락에 누워 계신" 어머니 무덤이나 떠올릴 수밖에 없는데 이 심리상태를 뻐꾸기가 어리석다고 꾸짖고 있는 것으로 듣는다. 오뉴월 봄철 어머니 누워 있는 선산 자락에서 울고 있을 뻐꾸기와 어릴 적 기억 속의 뻐꾸기는 다르지 않다. 또한 "작년 재작년 봄에도 외딴 초가에 누웠을 때" 들리던 뻐꾸기 울음소리와도 다르지 않다. "어릴 적 기억", 정확히 "예닐곱 살부터" 들었던 뻐꾸기 울음소리에는 분명 "숨겨놓은 내력"이 있을 법한데 그 내력을 눈치채지 못하고 "예순이 넘도록" 살아온 화자로서는 무어라 말할 수 없음을 안타까워하는 심리상태가 잘 녹아있다.

이러한 심리상태는 어린 시절 천일염을 생산하는 일에 바빴던 아버지의 삶의 궤적을 찾아 떠난 여름 여행에서도 잘 드러난다. "어부가 되지 못한 자식들은/ 도시로 다 떠나고/ 지금은 사람 산 흔적만 남아/ 저절로 무인도가 돼버릴 뻔한 섬/ (…) / 내 어릴 적 추억의 한 장면들이/ 떠올라 멈춰 설 수도/ 그렇다고 지나칠 수 없는/ 엉거주춤한 상태로 서 있다 보면/ 지워져야 할 것들이 아직 지워지지 않고/ 생생하게 살아남아 아픔마저 꿈틀대고"(「도초 섬에서」) 있음을 고백하고 있음이 그렇다. 이러한 고백은 "어릴 적 성장통에 대해"(「갈대는 12」), 또는 "언젠가부터 화산섬 제주 서귀포에 살면서/ 단 한 평의 논농사도 지어보지 못해/ 사월이면 고사리나 꺾어 말리고/ 덜 핀 삐~비 풀이나/ 질겅질겅 씹으며"(「한 달 살기 하러 와」) 살았던 소년 시절의 기억, 그리고 "열세 살 적 가난"(「강가에 갈 때마다」)과 "열서너 살 나이의 쏟아지는 눈물"(「회초리 대신 낫을 들고」)이라는 생리적 관점까지 모두 숨기지 않는 진솔한 창조행위를 보여준다.

    아픈 허리 만져가며 뜨락에 서 있는 게
    아주 부자연스럽다는 생각 때문에
    담쟁이덩굴이 움켜잡고 올라간
    돌담 너머로 아직 인사도
    건네지 못한 이웃들이
    영하의 날씨에도 불구하고
    출근 준비하느라 왁자지껄 떠드는 소리에 놀라
    평소 굳게 닫힌 철제 대문을 사이에 두고
    여태 동안 외딴 독립가옥이란 이유로
    도시재개발마저 비켜 가버려
    참새 떼에게 점령된 영토가 되고 말았지만

    육십사 년 차 겨우살이를 준비 중인

내게 날마다 찾아와 한바탕 떠들고 가는
난리 통을 즉시 떠나지 못하고
얼떨결에 따라나선 손녀의
아픈 유년마저 헤집고야 마는 바람을
뒷짐을 쥐고서 받아들일 수밖에 없는 지금
오랫동안 가슴에 간직한 꿈들을
하나둘 지워가는 일이라
말해주지 않아도 돌담의 높이와
굳게 닫힌 철제 대문을 사이에 두고
가슴 하나 열지 못한 나는 이 도시의 외톨이다.
  ―「철제 대문을 사이에 두고」 전문

 송희수 시인이 어린 시절의 기억뿐 아니라 육십사 세 나이의 삶에 대해서도 절실하다. 이는 다시 얀 무카로브스키의 말에 의하면, 창조의 면에서 시인은 단지 살아가며 창조하는 개인일 뿐만 아니라 자신이 창조하는 모든 작품의 공분모인 성격이기도 하다. 화자는 도시재개발마저 비켜 가버린 "육십사 년 차 겨우살이를 준비 중인" 독립가옥에 살면서 "돌담의 높이와/ 굳게 닫힌 철제 대문을 사이에 두고/ 가슴 하나 열지 못한" "도시의 외톨이"인 자신을 스스로 인식한다. "담쟁이덩굴이 움켜잡고 올라간/ 돌담 너머로 아직 인사도/ 건네지 못한 이웃" 사이에서 "외톨이"라는 심리적인 존재의식은 "아픈 허리 만져가며 뜨락에 서 있는 게/ 아주 부자연"스러울 정도다. 이 시에서 철제 대문은 화자의 심리적인 경계 의식을 상징한다.

  이 경계 의식은 바닷가 마을 우체국에 들러 엽서 한 장을 꺼내 "육십사 년 동안/ 망망대해로 떠나지 못하고/ 망설이기만 했던 기억을 적기 위해/ 얼마만큼 시간이 필요한지 알 수가 없"(「엽서를 쓸 적에」)을 정도로의 실존적 상황으로 이미 "파란 하늘 가운데/ 모처럼 눈에 띈 뭉게구름,/ 한쪽 자락을 움켜잡고 예순 나이가/ 성급히 지나가도록 발만 동동"(「그림그리기」) 구를 때도 있었고, "지금까지 산에 오른 육십 년 동안을 함께 한/ 나무들이 저번 폭설에 맥없이 부러지고/ 넘어져 깎아지른 절벽을 바라보는"(「비탈에 선 나무들이」) 불길한 생각과 같은 삶도 있었음을 고백한다.

3.

  송희수 시인의 시는 "시인들은 대체로 한 시대의 단서 또는 종언에 모습을 드러낸다"는 횔덜린의 말을 떠올리게 할 만큼 살아온 삶의 아픔과 고뇌를 소화하려고 노력하는 모습을 보인다. 시인은 애벌레가 나비가 되기까지의 여정처럼 "송씨 가문에 대대로 내려오는 소문인/ 가난 때문이라 참아야 한다며/ 힘들고 어렵게 말하려다가/ 혼쭐나고도 모자라/ 곤충채집통에도 갇혀 가며/ 끝끝내 밝히지 않은 집안 내력"(「노랑나비의 꿈」)에 대한 연민이라든가, "공병부대원으로 베트남 어느 항구에 도착해/ 배 밖으로 곧장 빠져나오지 못하는 사이/ 어머니 손을 놓친 한 아이가/ 흙탕물에 나뒹구는 게/ 분명 목격됐으나/ 미처 손써볼 겨를도 없이/ 톤레사프 호수까지 휩쓸려가서야!/ 사람과 사람들 사이에 갖는 날 선 두려움과/ 인정사정없는 전쟁의 상처를 보듬어 주지"(「미역 줄기의 하루 1」) 못한 회한이 자신의 삶 속에 잔존하고 있음을 한사코 숨기지 않는다.

    폭설이 내릴 때마다 오고 가지도 못하고
    찾는 이마저 하나 없는 외딴 가옥에
    모처럼 갖게 되는 휴가란 말 대신
    차디찬 골방에 벽보고 누워
    종일토록 생각했어도
    살을 에는 추위만 파고들 뿐

    연탄 몇십 장으로 겨울을 나는 일용직
    삼십 년 차 에게도 만만찮다는
    이번 겨우살이에
    허리를 지져야만 버틸 수 있다는
    산비탈에 자리 잡은 집을 떠나지 못하고
    새벽마다 찾아오는 속쓰림에는
    물 퍼마신 것도 모자라

    막막한 세상 소식이나 알려주려고

> 동트기 전부터 찾아와 부산을 떨고 있는
> 참새 떼의 속내도 알아차리지 못해
> 쑥스러운 표정으로 앉아있던
> 그때 그 모습이
> 너무나 또렷합니다.
>
> —「그때 그 모습이」 전문

 시적 화자는 "그때 그 모습"을 떠올린다. 아니, 현재의 삶이 있기까지의 과정 중 한 부분인 어느 해 혹한의 겨울을 잊지 못한다. 화자는 "찾는 이마저 하나 없는 외딴" "산비탈에 자리 잡은 집"에 살면서 "폭설이 내릴 때마다 오고 가지도 못하고" "차디찬 골방에 벽보고 누워/ 종일토록 생각"에 골몰한 가난했던 시절, 그해 겨울이 참으로 혹독한 추위였음을, 그리고 "머리 위를 소리 없이 지나는 별들이나/ 힐끔힐끔 쳐다보고 살라는 것이냐/ 불끈 쥔 주먹을 치켜들고/ 삼십 년을 넘긴/ 서울살이의 고단함"(「국화꽃 몇 송이가」)을 잊지 못한다. 송희수 시인의 이 시를 읽고 있노라면 백석 시인의 시 「흰 바람벽이 있어」가 떠오른다. 백석 시인도 시퍼러둥둥하니 추운 날 좁다란 방의 흰 바람벽을 바라보며 어머니와 사랑하는 사람의 생각에 젖는다. 가난하고 외롭고 쓸쓸한 백석 시인과 송희수 시인은 닮았다. 이처럼 시인이 살아온 사회적 환경이나 일시적으로 접해 본 환경에 의해서 시인의 특유한 개성이 시에

적용될 때 일반적으로 작품의 기능은 절실해지기 마련이다. 예컨대, 송희수 시인에게 있어 가난이라는 명제의 경우 "울 아버지의 아버지 적부터 내려오는/ 지독한 가난 하나 끊어내지 못해/ 멀건 죽이나 끓여 먹자던/ 배고픈 자식들은/ 도시로 다 떠나가 버리고/ 인적마저 끊긴 여자만(汝自灣)"(「여자만(汝自灣) 동죽조개」)이라든가 "집 밖에서 시간 대부분을 보내면서도/ 찜찜한 생각을 버리지 못한 건/ 200자 네모난 원고지에/ 시를 쓴다면서/ 몽당연필에 침 묻혀가며/ 아랫목에 배 쭈욱 깔고 엎드려/ 눌러써 왔던 종전의 자세를 바로 잡지"(「이맘때쯤이면」) 못했던 몸서리친 기억이 그렇다. 이러한 기억들은 시인에게 현재 '나'의 존재를 재발견하게 하고 자아를 성찰하게 한다. 존 홀 휠록에 의하면 시인은 먼저 자신의 내면적 존재와의 의사전달 체계를 확립한 다음 다른 사람과의 잠재적인 의사전달 체계도 확립하게 된다. 이리하여 주체(subject)였던 것이 객체(object)가 되고, 내부에 있던 것이 외부에 드러나게 된다. 다음 작품을 보자.

    나를 향하여 불어오는 온갖 바람에도
    헝클어진 머리나 빗어야겠다고
    솔숲에 들어가기 전에는
    하얀 속살을 보여주지 않더니만
    웃통마저 벗어젖힌 사내의 목 졸린 꿈들을

불안한 표정으로 가만히 바라볼 때마다
아예 램프 불마저 꺼버린 채

살금살금 다가가 서로가, 서로를 염탐하면서
가야 할 길 잘못 든 눈밭인 줄 모르고
기나긴 삼십 년을 헤매었어도
밤이면 솔숲에 들어와
생각해 보면 풀벌레들의 기습에도
아랑곳하지 않고 땅속 깊이 젖은 발 하나
딛고 서기 위해 몸부림쳐야만 했던 순간에도

웬만큼 두툼해진 나무 두께에 놀라고
빗나간 낫질에 잘려 나간 피 묻은 가지들을
불태우는 모닥불 주변에 앉았으면서
정작 어찌하지 못해
두 주먹 불끈 쥐고 바라보면서도
혼자서만 느끼는 왜소함의 끝이 어딘지 몰라
밤이면 밤마다 솔숲에 갈 수밖에,

　　　　　　－「밤마다 솔숲에 가는 이유」 전문

　인간은 하나의 자아(Self, 自我)이다. 시인은 이 '자아'와 자아를 둘러싼 세계, 자아와 우주와의 관계를 언어로 표현한다. 시인이 언어로 표현하는 일, 즉 시쓰기는 사색과 밀접하다. "나를 향하여 불어오는 갖가지 바람"과 "삼십여 년을 어둠 속에서" 헤매었다는 진술의 상징성은 자아를 둘러싼 세계와의 투쟁을 암시한다. 이 진술의 화자("나")는 "밤이면 밤마다 솔숲에 들어와" "오직 땅속 깊이 젖은 발 하나 딛어보기 위해/ 지금까지 몸부림쳐야만" 했다고 고백한다. 화자인 "나"는 왜 "밤이면 밤마다 솔숲에 갈 수밖에" 없는가. 그 이유는 "나 혼자만 느끼는 왜소함의 끝이/ 어디까지인지 몰라"서이다. 이처럼 송희수 시인의 사색은 자아실현의 획득을 위한 본질적인 시 쓰기와 다르지 않음을 보여준다.

　송희수 시인의 자아와 세계, 자아와 우주와의 관계 속에서 자신의 내면을 성찰하는 시 쓰기 작업은 "뻘 속에 빠져 어찌할 수도 없는/ 이 세상 곤욕스러움에서 빨리 벗어나고 싶어"(「뻘 속에 빠져」)하는 심리적 자각과 "몇 날 며칠째 머릿속을 무겁게 짓누르는/ 깜깜한 밤에도 떠오른 생각들로 인해/ 집에 돌아와 싸다만 짐꾸러미에/ 목적지를 적고/ 망설이고만 있는 나"(「지금은 이별 연습 중」), 그리고 "방파제에 걸터앉아/ 지나치는 생각들이나 꺼내놓고/ 날이면 날마다 꿰맞춰 보고"(「방파제에 걸터앉아」) 있는 내면 의식에서 잘 드러난다.